中等职业教育改革发展示范学校创新教材

U0650851

沟通能力
优化训练与指导

何彬 主 编

刘宝云 王志周 王作生 副主编

COMMUNICATION SKILLS

人民邮电出版社

北 京

图书在版编目（ＣＩＰ）数据

沟通能力优化训练与指导 / 何彬主编. —— 北京：
人民邮电出版社，2014.7
中等职业教育改革发展示范学校创新教材
ISBN 978-7-115-35020-6

Ⅰ．①沟… Ⅱ．①何… Ⅲ．①人际关系学—中等专业
学校—教材 Ⅳ．①C912.1

中国版本图书馆CIP数据核字(2014)第092430号

内 容 提 要

本书将知识性、实用性、指导性和可训练性相结合，遵循由易到难、循序渐进和易教、易学、易练两大原则，对沟通技巧进行了较全面的阐述。全书分为两部分，第一部分为实效沟通，以实施案例活动为重点，既有理论内容，又有理论指导实践的案例，同时配有测试与思考，强化知识要点的巩固；第二部分为与人沟通能力训练指导手册，进行物化成果的实践性总结，对与人沟通进行深入性的实际操作，从而将其更有效地应用到学习、工作和生活中。

本书以理论指导实践，强化沟通能力，既可作为指导中职学生提升沟通技巧的实用教材，也可作为培训企业员工的辅导用书。

◆ 主　　编　何　彬
副主编　刘宝云　王志周　王作生
责任编辑　蒋　亮
责任印制　杨林杰

◆ 人民邮电出版社出版发行　　北京市丰台区成寿寺路 11 号
邮编　100164　　电子邮件　315@ptpress.com.cn
网址　http://www.ptpress.com.cn
北京中新伟业印刷有限公司印刷

◆ 开本：787×1092　1/16
印张：7　　　　　　　　2014 年 7 月第 1 版
字数：152 千字　　　　　2014 年 7 月北京第 1 次印刷

定价：20.00 元
读者服务热线：(010) 81055256　印装质量热线：(010) 81055316
反盗版热线：(010) 81055315

青岛开发区职业中专示范校建设系列教材编委会

主　任：崔秀光

副主任：侯方奎　薛光来　李本国　杨逢春　姜秀文

　　　　王济彬

委　员：赵贵森　张学义　韩维启　丁奉亮　邹　蓉

　　　　王志周　张元伟　王　部　张　栋　薛正香

　　　　王本强　李玉宁　赵　萍　彭琳琳　李士山

　　　　荆建军　殷茂胜　宋　芳　徐锡芬　毛　慧

　　　　王景涛　郭晓宁　刘　萍　王云红　何　彬

　　　　杜召强　潘进福　朱秀萍　焦风彩　赵　丽

　　　　于雅婷　王莉莉

校外参编人员（按姓氏笔画排序）

丁海萍　上汽通用五菱汽车股份有限公司青岛分公司　经理

王　涛　青岛华瑞汽车零部件有限公司车间　主任

孙义振　青岛澳柯玛洗衣机有限公司　副总经理、高级工程师

孙红菊　北京络捷斯特科技发展有限公司　副总经理

孙　斌　青岛汇众科技有限公司　主任

1

张正明　青岛来易特机电科技有限公司　经理

吴向阳　山东工艺美术学院　教授/系主任

邵昌庆　青岛金晶玻璃有限公司　副总经理、高级工程师

秦　朴　青岛城市名人酒店　总经理

徐增佳　上汽实业有限公司（青岛分公司）　总经理助理

薛培财　青岛旭东工贸有限公司　经理

前言

科学技术的发展使社会分工越来越精细，社会各组织之间互相服务的特征越来越明显，组织内部的团队合作越来越重要。所以，人际沟通技巧的作用就更加突出。本书就是为了帮助中职学生掌握人际沟通技巧，适应社会发展需要而编写的。

本书的特点：以"经典提示"的形式，将生活中容易被忽视的问题做了醒目的提示；以"相关链接"的形式，将相关知识做了延伸；以"案例"的形式对知识与原理做了应用示意。

由于编者水平有限，书中难免存在错误和疏漏之处，恳请读者批评指证。本书相关参考资料可到人民邮电出版社教学服务与资源网 www.ptpedu.com.cn 下载使用。

编　者
2014 年 3 月

目录

第二部分　与人沟通能力训练指导手册

第一部分
实效沟通

第一章
什么是沟通

高山流水觅知音

图 1-1　高山流水觅知音

相传春秋时，晋国有一位著名的琴师名叫伯牙。一日他到楚国去"出差"，不巧路遇大雨，于是伯牙到一山崖下避雨。闻听雨声淅沥，他不禁抚琴舒怀。这时一名叫钟子期的樵夫也避雨到此，默默聆听。当琴声雄浑开阔，隐有高远之意时，子期便说："巍巍乎高山"。当琴声似有流水之声时，子期便说："荡荡乎若流水"。伯牙深感遇到知音，两人遂结为知己。后来，当伯牙得知子期病死，痛感自己失去知音，摔断琴弦，再也没有弹过琴。这段故事说的便是"知音难觅，友情可贵"。

自同学们进入职业中专以来，相互之间的交往越来越多，同学开始向老师倾诉自己在交往过程中的困难和烦恼，其中较为集中的是这样一个问题：升入职专以来，自己在班级里的"人缘"看起来不错，大家在一起聊聊天，开开玩笑，关系蛮融洽的；但其实，自己在班级里并没有一个知心朋友，有了心事尤其是特别不开心的事，总是找不到一个可以倾诉的人；那么其他同学呢，似乎也没有把自己看作是可以倾诉心事的好朋友，因此，他们在班级里仍然感觉到很孤独，面对这种情况不知怎么办才好。

从今天开始，我们将从本书中找到答案，或者了解到可以借鉴的内容，让大家找到结交好朋友的一些人际交往中的方法和技巧。

![笔记本图标]【你将从本章中获得哪些知识】

1. 掌握沟通的内涵。
2. 了解沟通的重要性，学会用沟通为自己的工作表现加分。
3. 掌握沟通中的原则，让沟通便捷、有效。

1.1　良好的沟通能力是建立关系的第一步

沟通是人与人之间、人与群体之间思想与感情的传递和反馈的过程，可实现思想达成一致和感情的通畅。沟通既是人与人之间的交流，也涉及组织与组织之间的交流。它以人的素养为基础，也是工作能力的直接体现。

一、沟通能力对人际关系的影响

人与人之间建立关系，沟通感情最直接、最方便的途径就是沟通与交流。良好的沟通是建立人际关系的第一步，有了良好的交往沟通，我们才有机会和他人建立起真诚互动的关系。

沟通通常是在上级和下级、同级和同级、个人和个人之间，传递和交流意见、观点、思想、感情、愿望、经验和做法的过程，主要是通过言语、副言语、表情、手势、体态以及社会距离等来实现的。简单来说，沟通就是在人际层面上产生的沟通。它以人的性格和价值观为基础，即个人素养的表达。

沟通水平的高低，体现个人魅力的强弱，也是工作能力的直接体现。如果不能很好地沟通，个人就可能丧失职场竞争力，达不到想要的业绩或目标。例如，员工如果没有良好的交往沟通能力，就容易引起误解，造成人际关系紧张，就有可能失去晋升的机会。

查看招聘信息，"良好的沟通能力"几乎出现在所有公司的招聘条件中。沟通能力从来没有像现在这样成为人们成功的必要条件。当文凭、履历相近时，沟通能力就成了应聘者获取职位的一大法宝。从求职、晋升到谋发展，哪一样都离不开沟通。一个人的沟通水平，可以决定他的生活层次。

二、人际沟通的一般特点

人际间的信息沟通具有以下特点。

（一）人际沟通主要是通过语言进行的，同时还辅之以姿态、手势等非语言的形式进行。

（二）人际沟通的内容并不仅限于纯粹的情报、消息的传递，还包括思想、感情、观点的交流。

（三）由于每个人的知识、经历、价值观不同，人际沟通经常会受到人与人之间复杂心理的影响。

三、沟通的技巧

（一）自信的态度

一般经营事业成功的人士，他们不随波逐流或唯唯诺诺，有自己的想法与作风，但却很少对别人吼叫、谩骂，甚至连争辩都极为罕见。他们对自己了解得相当清楚，并且肯定自己，他们的共同点是自信，日子过得很开心。有自信的人常常是最会沟通的人！

（二）体谅他人的行为

这其中包含"体谅对方"与"表达自我"两方面。所谓体谅是指设身处地为别人着想，并且体会对方的感受与需要。在经营"人"的事业过程中，当我们想对他人表示体谅与关心时，唯有我们自己设身处地为对方着想。由于我们的了解与尊重，对方也相对体谅你的立场与好意，因而做出积极而合适的回应。

（三）适当地提示对方

产生矛盾与误会的原因，如果出自于对方的健忘，我们的提示正好能使对方信守承诺；反之若是对方有意食言，提示就代表我们并未忘记事情，并且希望对方信守诺言。

（四）有效地直接告诉对方

一位知名的谈判专家分享他成功的谈判经验时说道："我在各个国际商谈场合中，时常会以'我觉得'（说出自己的感受）、'我希望'（说出自己的要求或期望）为开端，结果常会令人极为满意。"其实，这种行为就是直言不讳地告诉对方我们的要求与感受，若能有效地直接告诉你所想要表达的对象，将会有效帮助我们建立良好的人际网络。但要切记"三不谈"：时间不恰当不谈，气氛不恰当不谈，对象不恰当不谈。

（五）善用询问与倾听

询问与倾听的行为，是用来控制自己，让自己不要为了维护权力而侵犯他人。尤其是在对方行为退缩、默不作声或欲言又止的时候，可用询问行为引出对方真正的想法，了解对方的立场以及对方的需求、愿望、意见与感受，并且运用积极倾听的方式，来诱导对方发表意见，进而对自己产生好感。一位优秀的沟通好手，绝对善于询问以及积极倾听他人的意见与感受。

1. 包装坏消息。美国汽车大王亨利·福特通常会安排助手去回复有求于他的人，有时在拒绝人时，都会格外恭敬地招待对方，如请他吃点心或午餐等。当然，换个角度说话也是必要的。例如，导购员要告诉顾客她的脚一只大一只小，比起告诉她"您的这只脚比那只脚大"，说"太太，您的这只脚要小于那只脚"更可能让顾客买单。

2. 大智若愚。追求卓越是每个人满足自己成就需要的必然选择，但小心别让自己完美的光芒刺痛别人的眼。特别是面对一些比较顽固、保守或对你有敌意的人，一开始不要总想着证明自己来让对方心服口服，适当地收敛一些、中规中矩，"润物细无声"地接近更多人。而后，再在适当的时候一鸣惊人也不会埋没自己。有一位管理心理学家就特别指出，即使是与下级讲话，也不要一口一个"我"字。

3. 不"抢功"。心理学发现，当人们发现领袖出现一点个人主义的苗头，就会变得冷漠，甚至出现敌对的情绪。相反，藏身幕后、不那么抛头露面的领导更会受到普遍的尊重。《纽约世界报》的创始人和出版人普利策就曾对他的编辑们说，如果在一个紧急时期他所发的命令违背了该报的政策的话，编辑们可以不予理睬。学会谦让，在人际交往中绝对是"退一步海阔天空"的事。

小结

1. 沟通水平的高低，是工作能力的直接体现。如果不能很好地沟通，个人就可能丧失职场竞争力，达不到想要的业绩或者目标。

2. 在工作中的沟通必须知道说什么、做什么，明确沟通的目的。沟通的目的在于吸引听众、获得支持，因此，实现目标是工作中沟通的唯一目的。

1.2 良好的沟通能力为前程增添光彩

一个人具有良好的沟通能力，可以迅速地给对方留下好印象。出色的沟通不仅能使员工具有融洽的人际关系，更为其工作表现加分。

一、沟通能给人留下良好的印象

一个具有沟通能力的员工，可以将自己所拥有的专业知识及专业能力进行百分之百的发挥，并能迅速地给他人留下深刻的印象。

林飞小事

林飞应聘

一天，林飞去某公司应聘，在面试时，招聘经理问他如何看待自己，他是这样回答的："我相信我自己。"当对方问他对公司的印象时，他又这样回答："我以前听说贵公司能让人发挥才能，现在亲身感受到贵公司的确是这样的。"结果，林飞顺利地成为了这家公司的员工。

由上例可见，要想让别人迅速接纳你、喜欢你，必须培养自己的沟通能力。在交往沟通时，尽量用最简短的语言，传达尽可能多的信息量，无论是自我介绍还是回答问题，都要做到言简意赅、举例精要，忌讳繁杂冗长、答非所问。只有这样才能打开与他人沟通的大门，彼此产生共鸣。

怎样才能给人留下良好的印象呢？

美国俄亥俄大学的研究人员小罗伯特·劳恩特告诉人们，如果你给人留下一个坏印象，那是很难纠正过来的，有时候甚至一辈子都改变不了，简直都不如中途背叛——很多人根本不会给你修正错误的机会。如此交往，是很难建立持久信赖关系的。可以这样说，"人际关系上，第一步迈错了，后面无论多么努力都是很难改变的。"

那么怎样才能给人留下一个好印象呢？职业设计专家、心理学家以及很多有经验的人就"第一印象"谈了不少，比如穿戴整齐、修好边幅、说话得体、绝不迟到等许多注意事项。这些无需多言，现在只介绍一些由内而外的表现。

第一，切勿咄咄逼人。 在与一个人或者一群人第一次见面时，要谦和，更要低调。如果下车伊始，就哇啦哇啦地发议论，那只会给人留下非常差的印象。我们在平时的交谈中，也经常会发现有这样一类人，说话大声疾呼、旁若无人，甚至口无遮拦，不顾及别人的感受，有时还会强词夺理，这样的谈话方式怎能让其他人有好感呢？

第二，尽早弄清名字。 一般情况下，即将会见什么人，你自己是比较清楚的。在这种情况下一定要准备好，别的可以不知道，名字一定要弄清楚。我们经常在电影或电视里看到高级领导人面对一群士兵，居然能叫出其中几个人的名字。这样一来，他在士兵中的第一印象就一定是正面的。对我们一般人来讲也是如此，如果你见到一个人，能叫出对方的名字，人家一定是非常高兴的。高兴的背后则是一种积极的良好印象，至少人家知道你的记忆力很好，并且对其比较重视。

第三，脸上常带微笑。 人人都知道，眼睛是心灵的窗户；微笑的核心是眼睛，真正的微笑会通过眼睛到达心灵。发自内心的微笑一方面会给他人留下好印象，自己也显得富有魅力。我就见过这样的人。不论何时见面，总是面沉似水，好像对面之人欠他多少钱一样。要知道，人与人交往本是高兴的事情，谁也不愿意给自己找不痛快。如果你总是心绪不佳，一定不会给别人留下什么好印象。还有一点也要注意，对第一次见面的人，切不可动辄就哈哈大笑——笑过分了也不好。

第四，请用眼神沟通。 第一次见面，特别是与异性第一次见面时，万万不可盯着人家不放，否则对方很容易会对你产生误解。不论是第一次见面，还是第二次、第三次，与他人面对面交谈，应该用眼睛平视对方，也就是用眼睛说话，这样你会给人留下十分强大的印象。我碰到过这种情况，对方第一次见我，可是说话的时候对方的眼神朝向侧前方，一副不屑一顾的神态。如此跟人谈话，怎么可能给人留下好印象呢？下次人家理你才怪呢！

第五，杜绝无用动作。 与人家见面，要集中注意力，不要有什么小动作。如果你跟人家说话的时候，小动作不断，诸如搔首弄姿、整理衣服，说明你对人家缺少起码的尊重。如果有紧急情况，需要打电话或者发短信，可以告诉对方，说一声"不好意思"，一般人都会理解这一点。

第六，保持积极态度。 态度说明很多问题，因为它直接影响着你所释放的信息。谈论"第一印象"的人都强调拥有正确态度有多重要，可是很少有人告诉我们积极态度对一个人的第一印象意味着什么。即便在焦急、紧张的情况下，你的积极态度也会对周围的人产生良好的影响。遇事冷静而不烦躁会使你得分不少。我们大多都有这样的经历，如果一个人跟你谈话的时候，始终是一种积极向上的态度，你是不是会对其好感大增呢？

二、沟通能促进上下级关系

在职场上，上下级的有效沟通更是你求得晋升所不能忽略的。和你的上司搞好关系，永远是职场人必须熟记的生存法则。跟下属有效沟通，他们更能支持配合你的工作。提职也好，加薪也罢，你的前途和命运有绝大部分的"股份"握在上司的手里。所以，同上司的关系、沟通是关系到升职计划能否成功的关键。一旦你真正处好了与上司的关系，你就会觉得你们更像是伙伴而不像是上下级。作为伙伴，上司会托付你更多的责任，使你事业有进步，工作更满意。

1. 学会沟通　与上司成为"好伙伴"

金子掉在灰堆里，未必能闪光。一个有能力的公司普通职员，要在高级写字楼鱼贯而入的人群中脱颖而出，要在那么多表情相似的"精英分子"中独树一帜，让上司的目光，越过众人和高高的隔断板落在自己的身上，这不是简简单单的邀宠。对事业上的可塑之材而言，这是迈向成功的第一步。现代的老板有着独特的目光，阿谀逢迎，谄媚作态，即便引起上司的注意，也只能是那些平庸的老板。要知道，当今老板的眼光，可不是"对面的女孩"，会轻易看过来。

在我们的工作中，有许多过失或不完美都与我们对沟通技巧的掌握程度有关。例如，由于对上司的指令没有及时反应，或不能迅速贯彻他的意图，从而让他记住你，这就会影响到你在他心目中的形象。良好的沟通秘诀是仔细地思考、计划和定期检讨，以期能建立良好的习惯，而良好的习惯是一个优秀的管理者必须具备的素质之一。

📊 林飞小事

林飞为何会升职

林飞是上汽通用五菱公司的职员，他善于交际，对工作认真负责。

有一次，公司有一个晋升机会，经理准备在林飞和另外一名职员中间做出选择，而那个职员被提升的可能性更大。面对不利自己的局面，林飞静下心来思考，觉得自己与经理的沟通还不够，没能让经理真正了解到自己的实力和能力。

这天，林飞休息，他便随朋友一起去经理家做客，顺便与经理沟通一下工作上的问题，并想借此机会让经理更加深入地了解他。

在轻松的氛围下，经理开心地和他谈了一些工作上的问题，他们谈得很投机。在谈话中，经理发现林飞的经验很丰富，而且能力也很强。经理便问他："如果把这个晋升的机会给你，你将怎么做？"

林飞说："我一定会尽我的全力去做，而且我感觉这份工作对我来说难度也不大，我相信我一定会做得更好……"

最后，林飞被提升了。

每位员工都要主动地与领导沟通，征求领导对自己的意见，及时消除领导对自己的误解，努力了解领导的真实意图，以便更好地工作。如果你感觉到领导对自己的信任正在发生变化，那么必须要找机会和领导好好谈一下。谈话时可以先感谢领导一直以来的信任和帮助，缓解一下交谈的气氛，其次表达一下自己的歉意。同时要解释在某件事情中，自己并没有要挑战领导权威的意思，完全是从工作角度出发，就事论事。

只有通过沟通才能使领导了解你的工作作风、确认你的应变能力、理解你的处境、知道你的工作计划、接受你的建议，这些反馈到他那里的资讯，能让他对你有比较客观的评价，并成为你日后能否提升的考核依据。

能否在激烈的人才角逐中脱颖而出，在很大程度上要看你能不能措辞准确、侃侃而谈、娴熟地推销自己。许多职场员工视上下级沟通为畏途，这只能使前途越来越窄。

2. 同舟共济　首选了解你的上司

你和你的上司是"一根线上的蚂蚱"，你们要想成功就得同舟共济。那么怎样保证你们的工作关系富有成效，并使你们双方都获益良多呢？首先学会协调好与上司的关系，然后问问自己下面这些问题：

——你的上司是个什么样的人？

你的上司是个只愿把握大局的人，还是个事无巨细皆不放松的人？如果你向一个只愿把握大局的人汇报上一大通细枝末节，那么你俩很快就都会烦了。你也许会认为你对某项工作是如此殚精竭虑，而你的上司却漠不关心，其实这样想就错了。一位只愿把握大局的领导会认为你该把所有基础工作都做好，而他只注重结果，否则对方就不会信任你。如果你早些了解上司的个性，你俩的合作就会愉快得多。

——你是否在帮助上司达到目标？

如果你清楚地知道你的上司想要完成什么任务，最好能帮上忙。了解那些特别的目标将有助于你更好地掌握部门的发展方向。通过这些信息，你就能采取前瞻性措施来帮助你的上司达到目标，上司也就会视你为部门中有价值的成员，那么当其升迁时，你也会跟着得到提拔。

——你对上司寄予你的期望是否了然于胸？

实际上只有为数不多的幸运者会被上司寄予期望，并为他们勾画目标，许多人都努力想成为其中一员。如果你的老板是个注重细节的人，你就该简要地写下你认为对方对自己的期望是什么，然后送给对方去征求意见。而如果你的上司是个一见纸条就眼晕的人，你最好就自己在部门中的作用和责任，同对方非正式地聊几次。要记下谈话的内容以便经常查阅，并确保你在帮助上司完成目标。

——你是否竭尽全力地使你的上司和部门都显得很出色？

要知道，如果你的上司显得出色，那么你也会显得出色，所以你该随时随地想办法使你的上司显得出色。如果你有什么能改善部门工作的主意，一定要让上司知道。但务必私下去谈，且不要与对方发生冲突。如果部门工作得到了改善，你就会得到更多的信任，那对你的事业只有好处。

三、沟通能决定事业的成败

成功的秘诀非常多，而良好的沟通能力是最重要的因素之一。事业的成功与失败，往往决定于沟通能力。出色的沟通能力不但能帮你施展才华，更会让你赢得他人的赞赏。成功的人大多是聪明的沟通者。正如卡耐基所断言："现代成功人士 80%都是靠一根舌头打天下。"这些成功人士正是依靠出众的沟通能力被领导认同，上得青睐，下得爱戴。

经典提示

进入微软公司后，李开复在工作中与同事沟通很顺畅，但在比尔·盖茨面前，他非常担心自己会说错话，因而总是不敢开口。

一天，公司总裁比尔·盖茨召集了十多个人开会，商讨公司改组问题，他要求每个人轮流发言。李开复当时想，既然一定要讲，那不如把心里话都讲出来。于是，他鼓足勇气说："在我们这个公司里，员工的智商比谁都高，但是我们的效率比谁都差，因为我们整天改组，而不顾及员工的感受和想法。在别的公司，员工的智商是相加关系。但当我们整天陷在改组'斗争'的时候，我们员工的智商其实是相减的关系……"

他说完后，整个会议室鸦雀无声。会后，很多同事给他发来电子邮件说："你说得真好，真希望我也有你的胆量这么说。"结果，比尔·盖茨不但接受了李开复的建议，撤销了公司的这次改组方案，并且在与公司副总裁开会时引用他的话，劝大家开始改变公司的文化，不要总是陷在改组"斗争"里，造成公司员工的智商相减。

在职场中，工作能力差不多的两个人，沟通能力不好的人，升迁机会往往要比既会办事又会说话的人少得多。有人说，干得好不如说得好。这句话虽然有些偏颇，但是在职场中，如果会做事加上会说话，那样的人很可能会迅速受到领导的青睐和重用。

可以说，在现代职场中，是否能说沟通、是否会沟通，影响着一个员工的成功与失败。我们不难发现，身边被公认为干练的同事，他们在与人交谈时总是思路清晰、表达得体。在职场中，沟通能力是折射自身水平的一面镜子。所以，在沟通中，我们需要不断锻炼、完善自己的口才，来为自己的工作表现加分。

总之，良好的沟通能力会为员工的前程添彩。在竞争激烈的职场，沟通能力的高低往往决定了一名员工的职业生涯最终能达到的境界。

小结

1. 具有良好的沟通能力，可以充分地证明自己。
2. 上下级关系和谐是企业形成强大合力的关键。

3. 在竞争激烈的职场，沟通能力的高低往往决定了一名员工的职业生涯最终能达到的境界。

1.3 沟通过程中应遵循的五大原则

沟通首先要相互尊重，沟通说白了就是心灵的交谈，如果心灵上有任何的不平等就没有办法沟通。多听，多设身处地为他人着想，并换位思考，假设事情发生在自己身上会有什么样的情况和反应。心平气和也是关键要素之一，人是社会的产物，离不开社会，离不开群体，沟通是必要的，在沟通中成长、总结经验也是十分必要的。

林飞小事

林飞做好自己分内的事

自从林飞晋升之后，不但工作认真，待人接物也是恰到好处。

一天，领导找他要一个报表，他认真完成了。领导对他的报表非常满意，称赞说："看你平时言语不多，做起事来还真让人放心。"林飞笑着说："因为我觉得只有我这边做好了，您那边才能少分点心，这样才能有更多时间去处理其他更重要的事情。"领导意味深长地看着他，笑了。

林飞这么对领导说，其实这就是一种换位思考的方式，自然会得到领导的赏识。

一、沟通从废话开始

正如中国移动的广告中所说的：沟通从心开始。而在现实生活中，人类内心的交流是从废话开始的。例如，在现实生活中，北方人早晨见了面通常会问："您吃了吗？"这句话从内容和信息上来看都是一句废话，但是从情感上说是有沟通和交流，表示我尊重你，我重视你，我体贴你，我关心你。这是一个很重要的沟通，这个沟通是不能够被废弃的。所以我们说，沟通从废话开始。

在日常生活中还有这样的一个标准，两个人关系好的时候，在一块说的全是废话，但是它能增进感情。两个人只要在一块不说废话了，那么这两个人的关系一定不是很融洽。因此，管理者一般应在两周之内，最多两周，一定要坐下来与其重要部门的下属进行一次单独的沟通。

二、所有沟通不良都是人际关系不良的表象

人际关系和沟通的内容是相辅相成的，就好比一个盘子和一份菜，多大的盘子盛多少

菜，这个菜是不能独立在盘子之外的。

2005 年底，美国女子排球队邀请郎平去做主教练，郎平接受了美国女排的邀请。开记者招待会的时候，有名记者问郎平说："郎平教练，我问您一个问题，一直以来您都说，您前进的不懈动力是为国争光，现在您当了美国队的主教练，如果有一天，您带领美国队打败了中国队，让中国队得不到世界冠军，到那时，您的前进的不竭动力是为国争光，还是为您自己争光？"这个问题很尖锐，就如同挖了个坑，看郎平能不能跳过去。

郎平的第一句话说："今天关死门儿都是自己人，咱们用中国话来讲。在我眼中，美国队和中国队相比较，她们是一只业余队，她们不是职业运动员。"你听了什么感觉？至于是真的假的，记者并不知道，但是感觉挺舒坦。郎平接着讲："就算是美国队想要阻碍中国队夺冠的步伐，那也是很久以后的事情了。"郎平接着又讲："退一步讲，就算是由一个中国人带领美国队夺得了世界冠军，那不也是我们中国人的光荣吗？"你听了后什么感觉？

2006 年初，郎平带领美国队打败了中国队，让中国队在世锦赛上进不了前四名。可是从 2005 年底到 2007 年，体育记者从来没有写过她的一篇负面报道。

有一次比赛之前，有个记者问郎平："中美马上就要进行女排的对抗赛，请问您希望是中国队赢呢，还是美国队赢？"这个问题也够尖锐。如果你希望中国队赢，那么你不够职业，因为你是美国队主教练；如果你希望美国队赢，那么你不爱国，因为你是中国人。这问题挺难回答的。郎平回答说："咱们都是一家人，你问我这个问题有什么意义呀？"那个记者于是就说："那我就不问您了。"这段采访就这么登在报纸上。这样的采访没有真正的信息上的交流，但对方就接受了，好像就听明白了。

这个案例体现了很重要的一点：良好的人际关系是沟通的前提。人际关系不好的话，沟通将变得非常复杂。反之，人际关系好，沟通将变得非常简单，甚至是莫名其妙的简单。

三、重要的不是你说了什么，而是人们听到了什么

人们在沟通当中很多时候会遇到这样的问题，即发言者讲了一句话，自以为已经讲明白了，但对方居然没听明白或者没听清楚。在沟通上，问题有没有讲明白，是由接收者说了算的。成功的沟通有赖于讲演者使自己的思想成为听众思想的一部分，并使听众与自己真正地融为一体。在这里提到一个词"引发"，就是发言者、说话的人要想明白一个问题，就是在其说完这句话以后，对方会怎么看这句话，会引发别人怎么去想这个问题，这是发言者的责任。

雨果曾经说："语言就是力量。"不过力量有强弱和正反之分，是强是弱、是正是反，取决于说话的技巧。会说话的人善用技巧，懂得从听话者的角度出发，把道理说得清楚明了，让别人乐于接受。不会说话的人，轻则说得不明不白，导致沟通失败，重则措辞不当，惹祸上身。

四、重要的不是你说了什么，而是人们看到了什么

在领导力当中有这样一个观点，如果你是个领导人的话，你带这个团队三年，这个团队所有的问题，都是你的问题，因为他们模仿你。沟通的关键不在于你说什么，而在于你做了什么，在于你说的和做的是否一致。一致性的言行在人与人的沟通当中具有很大的力量。

经典提示

有位妇女把她的儿子拉来见甘地，说："我儿子最佩服您了，谁的话都不听，你跟他说让他不要吃糖果。"甘地说："哦！那你半个月以后领他来。"妇女说："啊！半个月呀，那好吧，就半个月吧。"过了半个月她又把孩子领来说："您跟他说，他最佩服您，您跟他说他肯定听。"甘地说："宝贝！过来我跟你讲啊，你不要吃糖了，吃糖对身体不好。"那个妈妈说："你半个月以前怎么不讲啊，你还让我跑两回，你这半个月以前讲这么句话，不就得了吗？"

甘地说："因为半个月以前我也在吃糖，这半个月以来，我没有吃糖，所以我才能跟他讲，你不要吃糖。"他说的和他做的是一样的，这个人格力量是很难得的，是非常崇高的人格。这个事他说一句话，你就百分之百信就行了，即使付出生命，他也会把这句话实现，那就没有什么好怀疑的了，这时候沟通就变得异常简单。

总之，如果一个人的言行是完全一致的，那么这个人的沟通就变得非常简单，他的影响力也会非常大。所以说，在沟通中做比说的作用要大得多。

五、重要的不是你说了什么，而是你听到了什么

倾听是一种礼貌，是尊重说话者的一种表现，也是对说话者最好的恭维。沟通上最好的方法是听，倾听能让你了解你的沟通对象想要什么，什么能够让他们感到满足，什么会伤害或激怒他们。有时，即使你不能及时提供对方所需要的，只要乐于倾听，不伤害或激怒他们，也能实现无障碍沟通，创造性地解决问题。沟通是心与心之间的交流，它就像一座桥梁，拉近彼此的距离。而倾听是口头沟通的技能之一，因此学会倾听是非常重要的，更好的倾听，才会更促进人与人之间的沟通。上帝给我们两只耳朵一张嘴就是要我们学会多听少说。听，也并非是纯粹的听，还要有技巧的听；倾听不仅是对别人的一种尊重，也是对别人的一种赞美。无论是个人与个人之间的沟通、个人与团体之间的沟通，还是团体与团体之间的沟通，都得从倾听开始，只有倾听了，你们才知道彼此之间需要沟通什么，需要了解什么，才能走进对方的心灵。

相关链接

美国知名主持人林克莱特一天访问一名小朋友，问他说："你长大后想要当什么呀？"小朋友天真地回答："嗯，我要当飞机驾驶员！"林克莱特接着问："如果有一天，你的飞机

飞到太平洋上空，所有引擎都熄火了，你会怎么办？"小朋友想了想："我会先告诉坐在飞机上的人绑好安全带，然后我挂上我的降落伞先跳出去。"然后观众都笑了。看到这个对话，大家或许都会想这个小孩子是自私的，然而真的是这样的吗？那么看看下面的对话就知道了。

林克莱特就问他："为什么要这么做？"小孩的回答透露出一个孩子真挚的想法："我要去拿燃料，我还要回来！我还要回来！"听了这个回答，大家还会认为这个小孩自私吗？

这则故事其实给了我们倾听的一个启发，你听到别人说话时，你真的听懂他说的意思了吗？你懂了吗？如果不懂，就请听别人说完吧，这就是"听的艺术"。听话不要听一半，不要把自己的意思投射到别人所说的话上头。

学会倾听，你会让自己对一些事情更有耐心，有助于你处理好人际关系，这是相互信任的桥梁。通过倾听你会了解到对方的想法，了解对方需要什么，知道对方更想知道什么；积极主动，认真地倾听，会得到对方的尊重，加强彼此的沟通。

📊 小结

1. 在与人沟通交往的过程中，要想打开人心这扇紧闭的大门，需要切实掌握一些行之有效的技巧。这些技巧的首要一条就是：正确地了解人的本性。

2. 要使别人对你感兴趣，原则上是要与对方有相同的兴趣点，让他感觉到自己的重要。在满足别人的自尊需求之后，很多事情都会迎刃而解。

3. 任何一名员工都不要以自我为中心，要换位思考，站在对方的角度考虑问题，有了理解和认同来作为沟通基础，什么困难都容易解决。

📊 实操指南

阅读与练习

小张毕业后在某物流公司担任物流操作员，他主要从事销售单据的制作和对账、发货数据的汇总与分析、日常报表的提报、仓库货品的控管等。小张有一阵子颇受领导冷落。一天，人事经理找小张谈话，决定终止对他的试用，理由是他业务能力不够强。另外，公司领导听说小张在外偷偷搞兼职，但小张是被冤枉的，他根本就没有在外兼职，很可能是有人打了小报告诬陷他。

谈话一开始，小张就连连抱怨，觉得这种处理太不公平。一是自己做得不错，干了那么多活；二是小张认为经理从来也没有说过他什么，现在才说他不行，太不公平。

小张最后还是离开了公司，可是却留下了深深的思考……

其实，事件的情节并不复杂。造成小张最终饮恨离开的原因看似很多，如工作能力差、他人的诬陷等，但是，如果小张在问题发生的时候，能及时、主动地跟领导沟通，讲明原因，并予以澄清，结果也许会完全不一样。然而，小张却因为怯于跟领导主动沟通，最终含恨离开，这确实让人遗憾。

结合该案例及本章内容，请做如下练习：

（1）小张为什么没有与领导及时沟通？

（2）你是否已经掌握并组织好沟通过程中所有相关的信息？你是否清楚周围人的需要？你是否能清晰、生动并有说服力地表达你的观点？如果答案是否定的，那就赶快拿出行动改变现状吧！

【测试与思考】

请认真回答下面的 15 个问题。计分方法：非常不同意/不符合（1 分）；不同意/不符合（2 分）；比较不同意/不符合（3 分）；比较同意/符合（4 分）；同意/符合（5 分）；非常同意/非常符合（6 分）。

1. 测试题目

（1）在我与他人沟通时，我会激发出对方的自我价值和自尊意识。

（2）我能以平等的方式与对方沟通，避免在交谈中让对方感到被动。

（3）我能根据不同对象的特点提供合适的建议或指导。

（4）当我劝告他人时，更注重帮助他们反思自身存在的问题。

（5）在和别人沟通前，我认为比较重要的是应该了解对方的价值观念、心理特征。

（6）当我与他人讨论问题时，始终能就事论事，而非针对个人。

（7）当我批评或指出他人的不足时，能以客观的标准为基础。

（8）当我纠正某人的行为后，我们的关系常能得到加强。

（9）我的反馈是明确而直接指向问题关键的，避免泛泛而谈或含糊不清。

（10）我以"我认为"而不是"他们认为"的方式表示对自己的观点负责。

（11）讨论问题时，我通常更关注自己对问题的理解，而不是直接提建议。

（12）即使我并不赞同，我也能对他人观点表现出诚挚的兴趣。

（13）我不会对比我权力小或拥有信息少的人表现出高人一等的姿态。

（14）在与自己有不同观点的人讨论时，我将努力找出双方的某些共同点。

（15）能有意识地与同事和朋友进行定期或不定期的私人会谈。

2. 测试分析

（1）80～90 分：你具有优秀的沟通能力，在与人交谈时一句话就能抓住对方的心，让对方愿意听乐意说，使其对你产生特别的好感，从而顺利地达到沟通、交流的目的。

（2）70～79 分：你有出众的沟通能力，知道在什么时候该以怎样合适的方式说话，能选准说话方式，把话说到别人心里。

（3）60~69 分：你的沟通能力较差，不能清晰明确地表达自己急需表达的意思，不但得不到预期的效果，甚至还会引起反作用。你只有认真听，反复练，才能掌握住适宜的沟通技巧。

（4）60 分以下：你的沟通能力极差，主观性强，喜欢以自我为中心，容易引起他人反感。你需要严格地训练自己的沟通技能。

第二章
沟通的基本类型

人与人之间最宝贵的是真诚、信任和尊重，而这一切的桥梁就是沟通。

导读

颜回食污

图 2-1　孔子与颜回

　　孔子和众弟子周游列国，曾行至某小国，当时遍地饥荒，有银子也买不到任何食物。过不多日，又到了邻国，众人饿得头昏眼花之际，有市集可以买到食物。弟子颜回让众人休息，自告奋勇忍饥做饭。当大锅饭将熟之际，饭香飘出，这时饿了多日的孔子，虽贵为圣人，也受不了饭香的诱惑，缓步走向厨房，想先弄碗饭来充饥。不料孔子走到厨房门口时，只见颜回掀起锅的盖子，看了一会，便伸手抓起一团饭来，匆匆塞入口中。孔子见到此景，又惊又怒，一向最疼爱的弟子，竟做出这等行径。读圣贤书，所学何事？学到的是——偷吃饭？肚子因为生气也就饱了一半，孔子懊恼地回到大堂，沉着脸生闷气。没多久，颜回双手捧着一碗香喷喷的白饭来孝敬恩师。

　　孔子气犹未消，正色到："天地容你我存活其间，这饭不应先敬我，而要先拜谢天地才是。"颜回说："不，这些饭无法敬天地，我已经吃过了。"这下孔子板着脸道："你为何未敬天地及恩师，便自行偷吃饭？"颜回笑了笑："是这样子的，我刚才掀开锅盖，想看饭煮熟了没有，正巧顶上大梁有老鼠窜过，落下一片不知是尘土还是老鼠屎的东西，正掉在锅里，我怕坏了整锅饭，赶忙一把抓起，又舍不得那团饭粒，就顺手塞进嘴里……

至此孔子方大悟，原来不只心想之境未必正确，有时竟连亲眼所见之事，都有可能造成误解。于是欣然接过颜回手中的碗，开始吃饭。

以上这例小故事，让我们看出沟通的重要性。在生活中，和家人之间的沟通，和爱人之间的沟通，都可以增进情感，体现亲人之间的关爱和关心；在学校中，和老师、同学之间的沟通，使你能够更好地融入轻松、愉快的学习氛围中；而工作中的沟通，尤为重要的是部门和部门、上级和下级，以及同事之间的互通信息。上级关心员工，善于听取员工的意见和建议，充分发挥其聪明才智与积极性，可以提高员工的工作效率和成绩。部门和部门之间的互通，可以迅速地传递各种信息，提升效率，使配合默契。同事之间的沟通，可以增进信息的共享，吸取不同的经验和教训。可见，沟通对于一个社会人来说是何等的重要。

【你将从本章中获得哪些知识】

1. 语言沟通是常用的沟通形式，包括口头沟通、书面沟通和电子沟通等。
2. 正式沟通可以分为纵向沟通、横向沟通和斜向沟通三种。
3. 掌握内部沟通与外部沟通。

2.1　语言沟通与非语言沟通

沟通可分为语言沟通与非语言沟通。

经典提示

冯妇搏虎

古时东瓯（今浙江南部沿海一带）人住的是茅屋，经常发生火灾，为此痛苦不已。有个东瓯商人到晋国去，听说晋国有个叫冯妇的人善于搏虎，凡是他出现之处，就无虎。东瓯商人回去后把这个消息告诉了国君。由于东瓯话"火"和"虎"的读音毫无区别，国君误以为冯妇善于"扑火"，便以隆重的礼节从晋国请来了冯妇。第二天市场上失火了，大家跑去告诉冯妇，冯妇将起袖子跟着众人跑出去，却找不到虎。大火烧到王宫，大家推着冯

妇往火里冲，冯妇被活活烧死。那个商人也因此而获罪。（据《郁离子·冯妇》改编）

上述寓言中的人物由于语言沟通的问题，彼此一再产生误解，以致冯妇葬身火海。由此可见，语言上的沟通成功与否，有时影响巨大。

假如沟通是一扇门，那么语言就是这扇门的钥匙。

如果沟通的门通向的另一方是漆黑的深夜，那么语言的钥匙便引领着你走向皓月当空，繁星满天；如果沟通的门通向的另一方是一望无际的沙漠，那么语言的钥匙便引领着你走向鸟语花香的绿洲；如果沟通的门通向的另一方是浩瀚无边的大海，那么语言的钥匙便引领着你走向如宗悫般"乘长风破万里浪"。语言在沟通中是多么重要！它是一把闪光的钥匙，使沟通直接到达人的心坎上。

一、语言沟通

语言霸权比任何武器都具有力量，嘴皮子也是功夫，但是更要有内容。语言的力量是无穷的！

有一个记者问老勒克菲勒"您是不是靠国家开发大西部得到了一个机遇，然后才成为首富的？"老勒克菲勒听出这是一句有挑衅的话，"你把我赤身裸体扔到沙漠，只要有一支商队经过，三年后我还是会这么有钱。"

大家可以想象勒克菲勒为什么会这么肯定呢？他是凭借什么呢？答案是：语言。

人与人之间沟通的时候、说话的时候都是希望对方能够理解自己所表达的意思，当别人真正理解的时候自己会得到自己心灵深处想要的，所以语言是人类精神的构成因素之一。

那么人与人之间沟通的时候为什么还存在着误解甚至隔阂呢？原因在于对不同的人说的不同的话或相同的话，不同的人会有不同的理解，也就是我们经常说的语言障碍。出现这种现象的根本原因在于：

1. 理解的角度不同（如父母对孩子和同伴对孩子的看法）；

2. 同一事物的定义理解不同（如对"本质"这个词的定义不同的人会有不同的理解）。

语言沟通的原则：

真——要用真诚沟通，不要总是指责别人；

美——语言是一门综合的艺术，要懂得灵活运用词汇；

善——讲话要有善意。

任何能力都是培养的，没有先天的，包括语言能力。下面我们汇总一下无效说话的表现。

1. 抢话

2. 接话茬 ——总以为自己了解别人说的了；或自己没主见，成为语言的奴隶

3. 顺嘴胡说、信口开河

4. 语言尖刻

5. 缺乏弹性、不留空间

6. 无内容、空泛

7. 语言轻狂

8. 缺乏分寸

9. 阴阳怪气，不讲普通话

10. 言行不一

11. 傲慢（对方会非常注意你的态度，不会注意你的语言内容，证明你没那么高的位置）

12. 态度卑微

13. 恶语伤人

林飞小事

林飞的苦恼

林飞一上任，就对制造部门进行改造。他发现生产现场的数据很难及时反馈上来，于是决定从生产报表上开始改造。借鉴跨国公司的生产报表，林飞设计了一份非常完美的生产报表，从报表栏目的设计中可以看出生产中的任何一个细节。

每天早上，所有的生产数据都会及时地放在林飞的桌子上，林飞很高兴，认为他拿到了生产的第一手数据。可没有过几天，出现了一次大的质量事故，但报表上根本没有反映出来，林飞这才知道，原来上报的报表中的数据都是随意填写上去的。

为了这件事情，林飞多次开会强调认真填写报表的重要性，每次开会后开始几天可以起到一定的效果，但过不了几天又返回了原来的状态。林飞怎么也想不通。

案例点评

林飞的苦恼是很多企业中经理人一个普遍的烦恼。现场的操作工人很难理解林飞的目的，因为数据分析距离他们太遥远了。大多数工人只知道好好干活，拿工资养家糊口。不同的人，他们所站的高度不一样，单纯地强调、开会，效果是不明显的。

站在工人的角度去理解，虽然林飞不断强调认真填写生产报表可以有利于改善生产的效率，但这距离他们比较远，而且大多数工人认为这和他们没有多少关系。

后来，林飞将生产报表与业绩奖金挂钩，并要求干部经常检查，工人们才知道认真填写报表。

在沟通中，不要简单地认为所有人都和自己的认识、看法、高度是一致的。对待不同的人，要采取不同的模式，要用听得懂的"语言"与别人沟通！

语言沟通分类

1. 口头沟通：是指借助语言进行的信息传递与交流。口头沟通的形式很多，如会谈、电话、会议、广播、对话等。

2. 书面沟通：是指借助文字进行的信息传递与交流。书面沟通的形式也很多，如通知、文件、通信、布告、报刊、备忘录、书面总结、汇报等。

3. 电子沟通又称 E-沟通，是以计算机技术与电子通信技术组合而产生的信息交流技术为基础的沟通。它是随着电子信息技术的兴起而新发展起来的一种沟通形式，包括传真、闭路电视、计算机网络、电子邮件等。

二、非语言沟通

非语言沟通是相对于语言沟通而言的，是指通过身体动作、体态、语气语调、空间距离等方式交流信息、进行沟通的过程。 在沟通中，信息的内容部分往往通过语言来表达，而非语言则作为提供解释内容的框架，来表达信息的相关部分。因此非语言沟通常被错误地认为是辅助性或支持性角色。

伯贡与赛因说："非语言交流是不用言辞表达的、为社会所共知的人的属性或行动，这些属性和行动由发出者有目的地发出，由接收者有意识地接收并可能进行反馈。"

萨摩瓦说："非语言交际指在一定环境中语言因素以外的，对输出者或接收者含有信息价值的那些因素。这些因素既可以人为生成，也可以由环境造成。"

功能

非言语沟通的功能作用就是传递信息、沟通思想、交流感情。归纳起来如下。

1. 使用非言语沟通符号来重复言语所表达的意思或起到加深印象的作用；具体如人们使用自己的言语沟通时，附带有相应的表情和其他非言语符号。

2. 替代语言，有时候某一方即使没有说话，也可以从其非言语符号上（如面部表情上）看出他的意思，这时候，非言语符号起到代替言语符号表达意思的作用。

3. 非言语符号作为言语沟通的辅助工具，又作为"伴随语言"，使语言表达得更准确、有力、生动、具体。

4. 调整和控制语言，借助非言语符号来表示交流沟通中不同阶段的意向，传递自己的意向变化的信息。

5. 表达超语言意义，在许多场合非语言要比语言更具有雄辩力。高兴的时候开怀大笑，悲伤的时候失声痛哭，当认同对方时深深的点头，都要比语言沟通更能表达当事人的心情。

非语言沟通分类

1. 标志语言：如聋哑人的手语、旗语，交通警察的指挥手势，裁判的手势，以及人们惯用的一些表意手势，如"OK"和胜利的"V"等。

2. 动作语言：例如，饭桌上的吃相能反映出一个人的修养；一位顾客在排队，他不停地把口袋里的硬币弄得叮当响，这清楚地表明他很着急。在棋盘前，举棋又放下，显示出他拿不定主意。

3. 物体语言：总把办公物品摆放很整齐的人，能看出他是个干净利落、讲效率的人；穿衣追求质地，不跟时尚跑，这样的人一定有品味、有档次。

三、语言沟通和非语言沟通的区别

语言沟通和非语言沟通相互加强，但它们之间存在着明显的区别。

语言沟通在词语发出时开始，它利用声音一个渠道传递信息，它能对词语进行控制，是结构化的，并且是被正式教授的。

非语言沟通是连续的，通过声音、视觉、嗅觉、触觉等多种渠道传递信息，绝大数是习惯性的和无意识的，在很大程度上是无结构的，并且是通过模仿学到的。

小结

1. 语言沟通是指以词语符号为载体实现的沟通，主要包括口头沟通、书面沟通和电子沟通等。其中口头沟通是人们最常用的一种沟通形式。

2. 非语言沟通是相对于语言沟通而言的，是指通过某些媒介而非语言文字来传达信息的沟通。非语言沟通需要借助表情、动作或体态等工具来进行。在传播和沟通中，非语言沟通既能补充和支持语言沟通，又体现出了自身的魅力。

2.2 正式沟通与非正式沟通

从沟通的场合来分，可以分为正式沟通和非正式沟通。

一、正式沟通

正式沟通一般指在组织系统内，依据组织明文规定的原则进行的信息传递与交流。例如，组织与组织之间的公函来往、组织内部的文件传达、召开会议、上下级之间的定期情报交换等。

正式沟通一般有明确的任务，气氛严肃，时间地点选择严格，形式的选择一般以文字或者公开的面谈为主，一般双方都有较好的沟通准备。如各种形式的会议、正式的宴会以及领导和下属之间约见式的谈话等。

正式沟通的种类

正式沟通有下向、上向、横向沟通等几种。

（1）下向沟通。这是在传统组织内最主要的沟通流向。一般以命令方式传达上级组织或其上级所决定的政策、计划、规定之类的信息，有时颁发某些资料供下属使用等。如果组织的结构包括有多个层次，则通过层层转达，其结果往往使下向信息发生歪曲，甚至遗失，而且过程迟缓，这些都是在下向沟通中所经常发现的问题。

（2）上向沟通。主要是下属依照规定向上级所提出的正式的书面或口头报告。除此以外，许多机构还采取某些措施以鼓励向上沟通，如意见箱、建议制度，以及由组织举办的征求意见座谈会或态度调查等。有时某些上层主管采取所谓"门户开放"政策，使下属人员可以不经组织层次向上报告。但是据研究，这种沟通也不是很有效的，而且由于当事人的利害关系，往往使沟通信息发生与事实不符或压缩的情形。

（3）横向沟通。主要是同层次、不同业务部门之间的沟通。在正式沟通系统内，一般机会并不多，若采用委员会和举行会议方式，往往所费时间、人力甚多，而达到沟通的效果并不很大。因此，组织为顺利进行其工作，必须依赖非正式沟通以辅助正式沟通的不足。正式沟通的优点是：沟通效果好，比较严肃，约束力强，易于保密，可以使信息沟通保持权威性。重要的消息和文件的传达、组织的决策等一般都采取这种方式。其缺点在于，因为依靠组织系统层层传递，所以很刻板，沟通速度很慢，此外也存在着信息失真或扭曲的可能。

正式沟通的优缺点

正式沟通的优点：沟通效果好，比较严肃，约束力强，易于保密，可以使信息沟通保持权威性。重要信息的传达一般都采取这种方式。

正式沟通的缺点：信息传递速度较慢，信息在逐级传递过程中会出现失真或扭曲的可能。

二、非正式沟通

非正式沟通指的是正式沟通渠道以外的信息交流和传递，以及相互之间的回馈，以保证双方利益并达到目的的一种方式，它不受组织监督，自由选择沟通渠道。例如，团体成员私下交换看法、朋友聚会、传播谣言和小道消息等都属于非正式沟通。非正式沟通是正式沟通的有机补充。在许多组织中，决策时利用的情报大部分是由非正式信息系统传递的。同正式沟通相比，非正式沟通往往能更灵活迅速地适应事态的变化，省略许多烦琐的程序；并且常常能提供大量的通过正式沟通渠道难以获得的信息，真实地反映员工的思想、态度和动机。因此，这种动机往往能够对管理决策起重要作用。

非正式沟通的优缺点

非正式沟通的优点：沟通形式不拘，直接明了，速度很快，容易及时了解到正式沟通难以提供的"内幕新闻"。非正式沟通能够发挥作用的基础是团体中良好的人际关系。

非正式沟通的缺点：非正式沟通难以控制，传递的信息不确切，容易失真、被曲解，并且，它可能促进小集团、小圈子的建立，影响员工关系的稳定和团体的凝聚力。如果能够对企业内部非正式的沟通渠道加以合理利用和引导，就可以帮助企业管理者获得许多无法从正式渠道取得的信息，在达成理解的同时解决潜在的问题，从而最大限度地提升企业内部的凝聚力，发挥整体效应。

正式沟通与非正式沟通的比较

沟通方式	优点	缺点
正式沟通	1. 沟通效果好，比较严肃，约束力强。 2. 易于保密，可以使信息沟通保持权威性。 3. 适用于重要的信息和文件的传达、组织的决策等	1. 较刻板，缺乏灵活性。 2. 沟通速度慢。 注：依靠组织系统层层地传递

沟通方式	优点	缺点
非正式沟通	1. 更加灵活（适应事态的变化，省略许多烦琐的程序；并且常常能提供大量的通过正式沟通渠道难以获得的信息，真实地反映员工的思想、态度和动机）。 2. 更加及时（沟通形式不拘，直接明了，速度很快，容易及时了解到正式沟通难以提供的"内幕新闻"）	1. 容易失真（沟通过程难以控制，传递的信息不确切，易于失真、曲解）。 2. 易于破坏组织团结（它可能导致小集团、小圈子，影响人心稳定和团体的凝聚力）

《易经》中说：天行健，君子以自强不息；地势坤，君子以厚德载物。正式沟通属前者，讲究的是效率、权威、强势；非正式沟通属后者，讲究的是倾听、了解、开导。非正式沟通需要依附于正式沟通，如果非正式沟通是没有目的的沟通，属于闲聊，属于流言蜚语，也会造成小团体。而正式沟通没有非正式沟通作为补充，组织就会缺少活力，缺少润滑剂，少了人情味。

案例思考

斯塔福德航空公司是美国北部的一个发展迅速的航空公司。然而，在其总部发生了一系列的传闻：公司总经理波利想卖出自己的股票，但又想保住自己总经理的职务，这是公开的秘密了。他为公司制定了两个战略方案：一个是把航空公司的附属单位卖掉；另一个是利用现有的基础重新振兴发展。他自己曾对这两个方案的利弊进行了认真的分析，并委托副总经理本查明提出一个参考意见。本查明曾为此起草了一份备忘录，随后叫秘书比利打印。比利打印完毕后即到职工咖啡厅去，在喝咖啡时比利碰到了另一位副总经理肯尼特，并把这一秘密告诉了他。

比利对肯尼特悄悄地说："我得到了一个极为轰动的最新消息。他们正在准备成立另外一个航空公司。他们虽说不会裁减职工，但是，我们应联合起来，有所准备啊！"这话又被办公室的通信员听到了，他立即把这消息告诉了他的上司巴巴拉。巴巴拉又为此事写了一个备忘录给负责人事的副总经理马丁，马丁也加入了他们的联合阵线，并认为公司应保证兑现其不裁减职工的诺言。

第二天，比利正在打印两份备忘录，备忘录又被路过的办公室的探听消息的人摩罗看见了。摩罗随即跑到办公室说："我真不敢相信公司会做出这样的事来。我们要被卖给联合航空公司了，而且要大量削减职工呢！"

这消息传来传去，三天后又传回到总经理波利的耳朵里。波利也接到了许多极不友好，甚至敌意的电话和信件。人们纷纷指责他企图违背诺言而大批解雇工人，有的人也表示为与别的公司联合而感到高兴。而波利则被弄得迷惑不解。

【思考题】

1. 管理者应如何对待企业中的非正式沟通？

2. 总经理波利怎样才能使问题澄清？

3. 这个例子中发生的事是否具有一定的现实性？

📊 小结

1. 语言沟通是指以词语符号为载体实现的沟通，主要包括口头沟通、书面沟通和电子沟通等。其中口头沟通是人们最常用的一种沟通形式。

2. 非语言沟通是相对于语言沟通而言的，是指通过某些媒介而非语言文字来传递信息的沟通。非语言沟通需要借助表情、动作或体态等工具来进行。在传播和沟通中，非语言沟通既能补充和支持语言沟通，又体现出了自身的魅力。

2.3 内部沟通与外部沟通（上）
——内部沟通

没有沟通，就没有成功的企业，最终只会出现树倒猢狲散。企业内部良好的沟通可以使所有员工真实地感受到沟通的快乐和信心。加强企业内部的沟通，既可以使管理层工作更加轻松，也可以使普通员工大幅度提高工作效率，同时还可以增强企业的凝聚力和竞争力，因此我们每个人都应该从战略意义上重视沟通！

📊 经典提示

墨子怒责耕柱

春秋战国时期，耕柱是一代宗师墨子的得意门生，不过，他老是挨墨子的责骂。有一次，墨子又责备了耕柱，耕柱觉得自己真是非常委屈，因为在许多门生之中，大家都公认耕柱是最优秀的人，但又偏偏常遭到墨子指责，让他很没面子。一天，耕柱愤愤不平地问墨子："老师，难道在这么多学生当中，我竟是如此的差劲，以致于要时常遭您老人家责骂吗？"墨子听后，毫不动肝火："假设我现在要上太行山，依你看，我应该要用良马来拉车，还是用老牛来拖车？"耕柱回答说："再笨的人也知道要用良马来拉车。"墨子又问："那么，为什么不用老牛呢？"耕柱回答说："理由非常简单，因为良马足以担负重任，值得驱遣。"墨子说："你答得一点也没有错，我之所以时常责骂你，也只因为你能够担负重任，值得我一再地教导与匡正你。"

墨子与耕柱的故事让我们知道：员工应该主动地与管理者沟通，了解领导对自己的期望。管理者应该积极和下属沟通，不是挑毛病和布置任务，而是在双向沟通中消除误会。虽然这只是一个很简单的故事，不过这个故事可以给企业的沟通管理一些有益的启示，但愿每一个人都能够从这个故事中获益。

一、组织内部沟通能力重要性

某企业家对人才的两个要求如下。

第一个要求，不懂得孝顺的人不要。理由是一个人对父母都不孝顺，怎么可能对企业忠诚？

第二个要求，不懂得沟通的人不要。理由是不懂得沟通的人，就无法进行信息交流，更不可能成为一名优秀的职业人。

我们在组织内部工作，不管是企业、政府机关，还是非营利机构，或是学校，都需要两种能力。第一种是沟通能力；第二种是除了沟通能力之外的其他所有能力，包含学历、知识、技能等。

良好的人际关系，可使工作成功与个人幸福的获得率达到 85% 以上。沟通能力不足是我们国内很多企业中"空降部队"阵亡率高的最主要原因之一。

二、职业人必须学会与别人相处

四种人与人相处的方式：

① 以暴力、威胁、欺骗等手段从别人身上强取所需；

② 以奉承、依赖强者、苦肉计等手段来争取同情、关心，以获得自己所求的东西；

③ "站在公平对等条件上"与人交往，既能给予对方所需要的，亦能从对方获得自己所需；

④ 能与别人和乐相处而无损于自己和他人的自我管理的一种艺术，即良好的人际关系。

案例分析 1

很多企业内部都挂了一个横幅，横幅的内容是："今天工作不努力，明天努力找工作。"这是威胁。以前挂着还可以，现在千万要摘下来。因为员工一边工作一边想，我今天就不努力工作，今天就努力去找工作。一个星期以后，他找到新工作便辞职了。所以不要威胁人。

案例分析 2

某著名相声演员，有一次被摄像头拍到进入某个场所，拿到这段录像的那个人就威胁他说："你给我 20 万，否则我就把你的录像带公开。"那个相声演员不仅没给他 20 万，且将其告上法庭，这个人被判坐了一年半的牢。

因此，在组织内部，上司不要威胁下属，部下也不要威胁上司。不要用威胁的手段，这不是一个好的方法。

组织内部与人沟通不畅，跟人的本性有关系，大家多是性情中人。因此，要牢牢树立两个观念，第一个观念：不会做人，只会做事，是做不好事情的；第二个观念：我们要尽量跟不同性格、不同思想的人沟通。

在组织内部要学会与人同流。同流有三种境界：

第一种，同流合污；

第二种，同流不合污；

第三种，同流去污。

所以想要与人保持顺畅的沟通，一定先要同流，不同流怎么交流，不交流怎么沟通？所以，一定要学会跟所有的人同流。

林飞小事

"他们"是谁？

林飞晋升为部门经理后，这一天第一次向总经理汇报工作，其中说到其他地区分公司、人力资源部、财务部的时候，前面都加了一个"他们"。"他们烟台分公司"、"他们人力资源部"、"他们财务部"……这时候总经理问他："他们是谁？"林飞一时有些丈二和尚摸不着头脑了，"他们，他们，你是谁，莫名其妙！"林飞此时听出了领导的意思，知道自己讲错话了，连声说："对不起，总经理。"其实总经理的话有道理，"他们，他们，那你是谁？"难道你不是公司的一分子吗？

作为一名管理者，可能你也会时常犯这个毛病。注意以后不要常常说"你们"、"他们"，要说"我们"。

常说"你们、他们"的后遗症，会造成一种疏离感，久而久之会破坏团结。公司里常常听到各个部门之间相互攻击，"他们策划部除了纸上谈兵还会干什么？整天凭空想象一些东西让我们做，自己怎么不做。""哎呀，他们行政不就是后勤，发发手纸什么的，人员素质太差。"如果一天到晚把其他部门看成对立者，不利于部门间的协同合作，继而会影响整个公司的效率。整个公司就像一台机器，机器的正常运转需要每个零部件之间的相互配合，缺一不可。

也许你在工作之中很喜欢说"你们""他们"，其实作为自己企业的代名词只有一个，那就是"我们"。因为企业是我们每个人的，是我们自己的企业。

三、职业人士成功要素

1. 职业人士成功"铁三角"

第一，智商（IQ）。智商含天生的因素比较多，就当智商是不能练就的。

第二，情商（EQ）。情商含后天的因素比较多。

第三，逆商（AQ）。逆商是克服困难、面对逆境的能力。逆商后天的因素比较多，逆商高的人，沟通比较好；逆商低的人很容易受伤。

2. 人生"五商"

人生五商：智商（IQ）、逆商（AQ）、情商（EQ）、财商（FQ）、健商（HQ）。（FQ，财商，是管理钱财的能力。HQ，健商，是管理健康的能力。）

一个人五商都平衡，就一定会有一个幸福成功的人生。

四、组织内部修炼EQ心得

第一，尽量控制自己的不良情绪；

第二，关键时刻绝对不能发脾气；

第三，对部属要有弹性的心态；

第四，用宽容、乐观的心态对人对事。

【直击案例】：一位服务生的 EQ

高 EQ 的服务生的想法：

第一，我们服务工作出了问题，客户有情绪很正常。

第二，客户不是冲我发脾气，他是冲我们公司发脾气。所以我完全可以心平气和去处理。

低 EQ 的服务员的想法：

第一，客户为何会这么想？奇怪了，我啥都没做错，怎么冲我发脾气？太过分了。

第二，我拿的工资又不高，受这种窝囊气，与客户干一场，大不了不要这份工作了。

于是服务生与客户吵起来，客户得罪了，工作也丢了。

作为一个领导，一定要对别人有弹性心态。允许别人做得比你差、比你慢。用宽容、乐观的心态对事、对人。对别人宽容一点，其实就是对自己宽容。

一个职业人成功的四张王牌

第一张，背景。

上一代（过去）建立的关系。有背景的人成功是合理的。

第二张，人脉。

古人言："三人行，必有我师"。来一个认识一个，从见面开始建立人际关系。认识人越多，你的能力就越强，你成功的可能性就越大。

第三张，沟通。

迷者失道，智者自通，学会与人沟通，争取师道。

第四张，人缘。

做人的基本态度，看见人会笑。让人看起来有喜欢的感觉，敬人者人皆敬之。人际关系简单的十个字：脸笑、嘴甜、腰软、热情、仪表。热情可以感染你的听众，热情的人沟通会比较好。仪表，穿的衣服要跟你的工作相匹配。从事什么工作，就要着什么服装。给人一种正规的感觉，与人沟通也比较可信。

五、组织内部与人相处之道

（1）了解别人是体谅之道。

你越了解对方，你跟他的沟通就越顺畅。

（2）宽容别人是和睦之道。

如果你只记住别人对你的好，你会感谢全世界所有你认识的人。如果你只记住别人对你的不好，你会恨全世界所有你认识的人，包含你的父母亲。仇恨就是用自己的痛苦来折磨自己，宽容别人就等于宽容自己。

（3）接纳别人是群我之道。

接纳别人就是要跟别人"同流"，不要管他是什么想法。

（4）关怀别人是友爱之道。

关心别人的人会容易得到机会，也会容易跟人家建立良好的关系。

分享案例

有一个大学生，应聘到青岛市一家集团公司 A 公司做业务员，他工作很努力，也很想得到提升，但就是没有提升的机会。工作了三四年后，还是没有晋升职位。有一个星期六，他在高速公路上开车，看到前面有一辆车抛锚了，有两个中年人满头大汗在那修车。他就把车靠边，过去问要不要帮忙？恰巧这两位是集团公司的董事长与总经理，拦了很多人都没人愿意帮忙，见一个小伙子来帮忙，就问小伙子是干什么的？他说我是哪个单位的，叫什么名字。过了半个月，一纸调令升他为集团公司做总经理助理。

1. 人际关系和谐的要点

凡事从自己做起——反省

凡事替别人着想——宽容

凡事都有感恩之心——惜缘

凡事都想帮助别人——服务

不管是同事、朋友，还是家人，都是一种缘分。一个懂得惜缘的人，他跟别人的关系就比较好。帮助你的同事、上司、部下，彼此间的关系就会越来越好。

2. 组织内部与人相处的法则

第一，尊重个别差异。"对人讲人话，对鬼讲鬼话"。这句话是人际关系沟通的诀窍之一，是人际关系沟通的最高境界。不同的人要用不同的方法。

第二，要了解对方的需求。对方与你沟通，当了解他的需求之后，你与他的沟通就顺畅了。

第三，懂得激励别人。沟通也是一种激励的方式。

第四，积极做人处事。积极指的是一种心态，心态积极的人，跟别人沟通会比较顺畅。

第五，保持参与互动。多跟别人交流。

🔊 故事解析

"三个工匠"的人生

现实生活中，我们在做每一件事情时，是不是负有使命感，是不是拥有积极的心态，其产生的效果是完全不一样的。

以下这三个工匠的故事就可以很简单地说明这个道理：

有三个工匠在一起盖房子。行人路过，分别问他们在干什么。

第一个工匠一脸茫然地说："没看到我在忙吗？工头安排我来砌砖呢。"

第二个工匠很兴奋地说："我在盖一栋很大的房子，等这房子盖好了，就可以住很多很多人。"

第三个工匠非常自豪地说："我要让这座城市变得更美丽。我要争取让城市里的每一个人都称赞我们的城市是最漂亮的。这是我这辈子一定要做的事情！"

10年以后……

第一个工匠还是一名普通的工匠，在埋头砌砖。

第二个工匠成为了工程师，在工地上指挥大家建房子。

第三个工匠当上了这座城市的设计师，在他的规划下，这座城市正变得越来越漂亮。

在这个故事中，第一个工匠每天都很忙碌，他把每天的忙碌当成一种习以为常的事情，只是听别人的安排，做完就算了，从来没有想过树立自己的使命，也不会发现工作背后的意义，于是工作起来没有动力，得过且过。时间一天天、一年年地过去了，他始终是一名普通的工匠。

第三个工匠虽然也是在盖房子，可是在他的心目中拥有一个为城市增添美丽的使命。你可以想象一下，因为有使命，这个工匠就有了明确的目标，为此不断地付出和努力。这样年复一年，他在实践使命的过程中，为自己赢得了精彩的人生。

六、良好的组织内部沟通原则

* 表达要清晰、具体、实际
* 清楚具体地接受
* 巧妙运用身体语言
* 若对某事耿耿于怀就应坦诚讨论
* 建设性批评，勿吹毛求疵
* 耐心说出决定或结论的理由
* 承认每件事情皆有多方面看法，接受并承认事实

- 主动积极地倾听，以鼓励对方充分表达意见
- 使对方所讲话题不偏高主题太远
- 不要让讨论变成恶言的争吵
- 不要说教，最好能以发问方式
- 错了或不小心伤害对方，须坦诚道歉
- 委婉有礼地尊重对方和他人的感受
- 对于"不合理要求"能指出其与行为的矛盾
- 进行好的沟通：多称赞、多鼓励
- 避免不当的沟通技巧

七、组织内部沟通的基本技巧

- 微笑，发自内心的微笑
- 态度殷勤有礼，礼多人不怪，切记三字经：谢谢，对不起，请
- 待人热诚，热诚是能感染人和环境的
- 表现充满自信的行动，自信的人才能获得别人的信任
- 注视对方，并于心中认为他是最重要的人
- 在言语行为上使对方感受到你对他有好印象
- 真心诚恳地称赞，称赞是多多益善，百听不厌
- 勿自夸，"谦受益，满招损"
- 真诚关心别人
- 勿喜欢批评别人
- 保持从容不迫的态度
- 正面肯定对方：接纳，激励，重视

2.4　内部沟通与外部沟通（下）
——外部沟通

一、外部沟通的意义

外部沟通是指公共组织与外部环境之间信息的交流。公共事业管理中必须进行外部沟通是由两个基本因素决定的。第一，随时反映公众需求的要求；第二，管理过程的要求。因此，在公共事业管理中进行外部沟通是一项十分重要的协调工作。

企业并非生存在商业真空中，而是生存在与客户、顾客、供应商、经销商、政府、竞争对手、金融机构、社会公众共同组成的社会大环境中。企业的资源必须来自外界，而企

业的产出必须输出到外界，才能实现企业配置和转化资源并从中取得利润的经济目标。从更深层的意义上来讲，企业是为满足外部需要而存在的，如果企业生产的产品或服务不能满足外界市场和顾客的需要，企业的生存就会产生危机。因此，最终是顾客和市场决定企业的生死，而不是企业自己。因此，企业必须与外界有良好、有效的沟通。

与政府部门的沟通相当重要，现代管理学发展出了一门新的学科——企业公共关系学，讲的就是企业对外沟通，其主要沟通目标对象就包括政府。只有及时了解政府的政策才能更好地进行经营。

市场和客户、供应商、经销商、竞争对手、金融机构，构成了企业必须与之良好沟通的第二大类群体，可以把它们统为商业群体。商业群体直接左右企业的生存、发展和效益，与它们的沟通如何，直接影响到企业的当期经营状况，并连续影响企业长远利益。现在，与顾客的沟通已经构成了一门新的管理学科——客户关系管理学，与供应商的沟通及合作也构成了一门新的管理学科——供应链管理学，与经销商和最终客户的沟通则构成了另外几门管理学科——广告学、市场营销学等，与竞争对手的沟通也构成了商业情报学科，等等，不一而足。沟通缩短了企业与商业群体之间的距离，加深了企业与市场之间的了解，加快了企业对于市场变化的反应速度，提高了企业经营管理的效率与效能。

企业并非只是与自己产品的顾客或潜在顾客打交道、互相传达信息，企业还要与社区、顾客的相关群体（即一般公众）进行沟通交流。这是因为：一方面，其他群体的意见和态度会影响企业的顾客购买企业产品；另一方面，企业在经营管理过程当中，过程与结果会影响到一般公众利益。如生产噪声、水污、气污、垃圾处理等环保问题，又如伐木场的树木资源枯竭问题，等等。企业如果与公众沟通不好、不足，就会危及企业的生存、发展。当今许多企业在公共关系方面愿意下大功夫，如捐赠、做公益广告，都是在进行必要的公众沟通。

还有企业文化中的企业形象系统问题。事实上，作为企业文化的外化，企业形象系统是相当重要的。它不仅是对企业内部成员的要求，更是一种面向企业外部世界的一种营销和展现，即外部沟通。目前，企业、政府、个人形象设计与推广，已经成为一种新的现代管理学科。越来越多的人认识到，企业作为一种社会存在，是社会总的大系统中的一员和一个部分，部分只有与总体进行沟通，达成协调一致，才能生存、发展、提升。

一个企业，在与外部环境的交流过程中，根据自身的特点，找到有效的沟通方式，就可以与外部取得良好的沟通。

二、外部沟通环境因素分析

对于外部沟通环境因素的分析，不管是何种类型的沟通对象，有几点指导性的问题要分析清楚。首先要知己，要对组织自身的特点、形象、要求等有一个清醒的认识。其次要知彼，要通过各种调查方法收集对方对自己的评价和认知；要了解对方的习惯、思维方式和价值观；要了解对方的需要和目标等。其三，要设法去找到符合沟通各方利益点的途径，包括文化认知、相互尊重、求同存异等，甚至去融合沟通各方的文化。

林飞小事

林飞"碰壁"

林飞：赵总，你好，我是上汽通用五菱公司的销售人员林飞，这是我们产品的资料，你看你们是否感兴趣？

赵总：放我这儿吧！我感兴趣的话给你打电话。

林飞：你看看，我们的设备质量好，而且价格也便宜……

赵总：对不起，我还有个会，我会和你联系的，好吗？

林飞：……

（林飞刚走，赵总顺手将资料扔进了垃圾桶。）

林飞经过这一次的"碰壁"，不知该怎样继续拓展业务了？年轻的林飞陷入了深深的沉思……

指点迷津

针对林飞的困惑，笔者为林飞设计了这样一组场景，供年轻的林飞参考。

林飞：赵总，您好，我是上汽通用五菱公司的销售人员林飞，这是我们产品的资料，你看你们是否感兴趣？

赵总：放我这儿吧！我感兴趣的话给你打电话。

林飞：如果用我们的设备，会比你现在用的 W 型号的设备效率提高 30%，而且节能10%……

赵总：效率提高 30%？你讲讲。

林飞：……

赵总：好、好、好！我将认真考虑你们的设备。

思考：

（1）为什么赵总对林飞的介绍不感兴趣？此案例给我们什么启示？

林飞的准备明显不足，他不清楚客户到底需要的是什么，也不知道如何打动客户，而显然事先经过调查，考虑客户的需求所在，后来所说的正是赵总在苦苦寻找的解决问题的方案。

（2）你觉得林飞这两次的产品推销会有何不同吗？你从中吸取什么教训？

三、外部沟通环境分析的必要性

随着全球化的发展，由于对对方文化不了解而出现的沟通障碍越来越多了。

首先，从国际商务发展趋势看，各种产业已经越来越全球化了，在全球性经营活动过程中，常碰到很多跨文化沟通的问题，因此，管理者应该了解其他文化的行为准则。

其次，从国内不同地区之间的市场经营活动来看，即使都是在国内市场的开拓上，广告商们为了在同类产品竞争中取胜，也不得不采取差异化的广告策略。

最后，从不同组织的沟通目标上看，由于本身性质的不同，其所采取的沟通策略也不一样。

不管你现在对不同组织、不同地区、不同国家的文化了解得如何，有一点是肯定的，那就是你必须通过自己的努力，学习不同环境下的沟通策略和技巧。

小结

1. 内部沟通是指个人与组织内部各部室、各班组之间进行的各种信息传递。一个人的内部沟通效果决定了他的工作效率，对企业绩效目标的实现也有很大的促进作用。

2. 外部沟通指的是个人与组织外界之间所进行的相关信息传递。企业的资源必须来自外界，而企业的产出必须输出到外界，才能实现企业赢利的目标。

实操指南

阅读与练习

德国贝尔上海公司，对员工的培训也包括接电话的方式一项，他们发现很多新员工接电话的方式很直接，习惯简单地回答客户的问题。曾经有用户打电话来问，是否有 S 3104 的材料。咨询的结果只有两个字"没有"。而注意接电话艺术的人的回话永远不是只有一句，尤其是对时间、地点、数量都量化得非常精确。

员工："对不起，S 3104 的材料昨天刚好用完，现在还有两个替代品：S 3101 和 S 3102，可以吗？"

用户："不行，我只需要 3104。"

员工："噢，这样呀？那么最近的库存在南京还有 3500，我们正发调拨，大概下个礼拜二可以拿到。"

用户："我很着急，这个礼拜能不能拿到？"

员工："那这样，今天下午 4 点钟我给你回话，从南京紧急调拨 1500，这个礼拜六早上先让你拿到，必要的时候我们看看能不能够在礼拜五的下班前让你拿到，你看怎么样？"

听到这样的回答，相信对方一定会很高兴地说声"谢谢"。

结合该案例及本章内容，请做如下练习：

1. 接电话时请注意你的回答方式，避免这样的回答："不在"、"不知道"、"这不归我管"。有时候我们习惯于用一句话来回答对方的问题，例如，一个电话打来："请问，吴美丽小姐在吗？""不在。"听到这样的回答，相信你一定会有很不舒服的感觉，一句话将人拒于千里之外。

2. 接听电话是和客户沟通的重要环节。其中包括接电话时的语言规范、接电话时的语言记录，以及接电话时的表情。如果和客户沟通时注意各方面的细节，就一定能得到大部分客户的满意与赞许。

3. 是否你也如上文所述一样回答过别人的问话？对于这样的询问你将如何回答？

_____

_____

_____

【测试与思考】

请认真回答下面的 15 个问题，计分方法：非常不同意/不符合（1 分）；不同意/不符合（2 分）；比较不同意/不符合（3 分）；比较同意/符合（4 分）；同意/符合（5 分）；非常同意/非常符合（6 分）。

1. 测试题目

（1）我觉得网上聊天属于非正式沟通。

（2）所有沟通形式中，内容最丰富、最复杂，使用最频繁的是口头沟通。

（3）向领导汇报工作属于正式沟通的方式。

（4）接通一个不熟悉的电话后，首先要做的事情是确认双方的身份。

（5）执行命令不讨论，属于单向沟通。

（6）我与记者及其他相关媒体工作人员进行有益的接触。

（7）我通过所有可以利用的电子媒介进行沟通。

（8）我把写文章的规则运用到内部沟通和外部沟通中去。

（9）我运用专业的电话技巧改进沟通。

（10）我正在向经理汇报工作情况时，有人急匆匆跑过来说有我一个重要客户的长途电话，这时我会说我在开会，稍后再回电话过去。

（11）会见、调查或会议记录时，我使用有效的记录方法。

（12）写重要信件或文件时，在定稿前我常会征求可信赖的批评者的意见。

（13）我写的报告结构合理，内容准确、简明、清晰。

（14）我安排的大型会议已达到了专业水平。

（15）进行内部培训时，我发挥着明显的积极作用。

2. 测试分析

（1）80～90 分：你具有极强的沟通能力，对沟通常识非常熟悉，反应敏捷，近期内有望在职场上再上一个新的台阶。

（2）70～79 分：你的沟通能力优良，是有理想、爱思考并充满激情的人，愿意从事富有挑战性的工作，你的优秀品质将使你脱颖而出。

（3）60～69 分：你的沟通能力稍差，基础知识欠缺，虽然你有了一些沟通经验，但在很多方面有待改进。

（4）60 分以下：你的沟通能力很差，这或许和你对人际沟通不太重视有关。你需要从基础学起，尽快提高自己的沟通能力。

第三章
沟通入门——跨越障碍、勇于沟通

📢 导读

项目		课时	知识目标	指导项目	能力目标
沟通入门——跨越障碍勇于沟通	一、认识沟通，端正意识	4	沟通的概念、种类、模式、原则以及过程	破冰游戏	培养正确的沟通意识
	二、克服障碍，沟通起步	2	认识沟通中的障碍	障碍克服训练	掌握克服障碍的方法
	三、摒弃干扰，避免失效	6	认识情绪、认知偏差、态度、亲和力对沟通效果的影响	亲和力、情绪控制力训练	掌握排除干扰的方法，避免沟通失效

3.1 认识沟通，端正意识

破冰游戏

【活动一】 串名字

一、适用对象

所有学生。

二、活动程序

小组成员围成一圈，任意请一位学生自我介绍姓名、年龄等，第二位学员接着介绍，但是要说：我是×××后面的×××，第三位学员说：我是×××后面的×××，依次下去，最后介绍的一位学员要将前面所有学员的信息复述一遍。这样反复多次。

三、活动体会

活跃气氛，打破僵局，加速学员之间的了解。

【活动二】 人椅

一、适用对象

所有学生。

二、活动程序

1. 全体学生围成一圈。
2. 每位学生将双手放在前面一位学员的双肩上。
3. 听教师的指令，缓缓地坐在身后学生的大腿上。
4. 坐下后，教师再给予指令，让学生叫出相应的口号，如"齐心协力、勇往直前"。
5. 最好以小组竞赛的形式进行，看看哪个小组可以坚持最长时间不松垮。

三、活动讨论

1. 在游戏过程中，自己的精神状态是否发生变化？身体和声音是否也相继出现变化？
2. 在发现自己出现以上变化时，是否及时加以调整？
3. 是否有依赖思想，认为自己的松懈对团队影响不大？最后出现什么情况？
4. 要在竞争中取胜，什么是最重要的？

3.2 克服障碍，沟通起步

障碍克服训练

【活动一】 勇于承担责任

一、活动目的

使学生认识到勇于承认错误对团队的沟通协作是非常有意义的。

二、活动程序

1. 学生在比较空的场地围成一圈。
2. 听教师的口令：喊一时，举左手；喊二时，举右手；喊三时，抬左脚；喊四时，抬右脚；喊五时，不动。
3. 当有人出错时，出错的人要走出来站到大家面前先鞠一躬，举起右手高声说："对不起，我错了!"。

4. 游戏重新开始，以此循环，适可而止。

三、活动体会

在团队的沟通协作过程中，难免出错，如不能及时改正，将会贻误整个团队目标的实现。也许我们每个人都会犯错误，然而在面对错误时，大多数情况是没人承认自己犯了错误；少数情况是有人认为自己错了，但没有勇气承认，因为很难克服心理障碍；极少数情况有人站出来承认自己错了。而这个游戏从一种简单的认错行为中，让学生感受到勇于承认错误的重要性。

【活动二】蒙眼作画

一、活动目的

1. 使学生明白单向交流方式和双向交流方式可以取得不同的效果。
2. 说明当我们集中所有的注意力去解决一个问题时，可以取得更好的效果。

二、活动教具：眼罩、纸、笔，所需时间10～15分

三、活动规则

用眼罩将所有队员的眼睛蒙上，每人分发一份纸和笔，要求蒙着眼睛将他们的家或指定的其他东西画在纸上，完成后让队员摘下眼罩，欣赏自己的杰作。

四、活动体会

人人都认为睁着眼睛要比闭着眼画得好，因为看得见，是这样吗？在日常工作中我们自然是睁着眼的，但为什么总有些东西我们看不到？当发生这些问题时我们有没有想过借助他人的眼睛，试着闭上眼睛，也许当我们闭上眼睛时，我们的心敞开了。

五、活动讨论

1. 为什么当他们蒙上眼睛，所完成的画并不像他们期望的那样？
2. 怎样使这些工作更容易些？
3. 在工作场所中，如何解决这一问题？

六、活动变化

1. 让每个人带上眼罩前将他们的名字写在纸的另一面，在他们完成画图后将所有的纸挂到墙上，让学生挑选出他自己画的那幅。
2. 教师用语言描述一样东西，让学生蒙着眼睛画下他们所听到的，然后比较他们所画的图并思考。

3.3 摒弃干扰，避免失效

亲和力、情绪控制力训练

【活动一】 国王和天使

一、活动目的

增进同学之间的了解和亲密感；营造彼此关心的氛围，提升教学的整体品质。

二、活动步骤

1. 教师发给每人一张事先准备好的国王和天使卡。
2. 请每个人在国王的旁边填上自己的名字，然后交予教师。
3. 教师收齐所有的卡片后将其背面朝上，请每个人抽取一张。
4. 告诉大家，你所抽取的卡片上那个人就是你整个培训期间的国王，你作为天使要暗暗地关心、帮助他。
5. 请大家在天使的旁边位置写上自己的名字，并要牢记国王的名字。
6. 将所有的卡片交回教师。
7. 告诉大家，教学活动快结束的时候会将所有的卡片公布。
8. 教学即将结束时，全体同学围坐一起，教师首先有致谢引导，播放感人的背景音乐，随后一张一张揭密。

【小提示】

揭密的方式有许多种，比如揭密前可以让学生自己去认，相认的来个结实的拥抱或一起表演一个节目；也可以不揭密，让这种温情长久。

【活动二】 情绪控制力心理解读

情绪的特征

（1）一发火就骂人、砸东西，甚至打人。

（2）情绪反应十分简单，缺乏幽默感，不会开玩笑，对于满意的事沉默不语，对不满意的事常会通过吵架、发脾气等方式解决。

（3）面对生活中的挫折，心理防御的方式只有一种，就是发泄。

（4）对很小的事也沉不住气。

（5）火爆脾气一点就着，什么事都干得出来，当时不能自控，事后又特别后悔。

（6）听不进任何人的劝说，尤其在情绪激动的时候。

情绪不好的危害

（1）心理学研究表明，脾气暴躁、经常发火不仅会诱发心脏病，而且会增加患其他病的可能性。

（2）影响家人、朋友以及同学之间的关系，从而影响自己的学习、工作和前途。

（3）情绪激动时难以自控，也许会干出难以挽回的蠢事。

情绪的原因

（1）心理因素：心胸不够宽广，期望太高，心态失衡，思维极端，容易冲动等。

（2）生理因素：血液中调节情绪、控制行为有关的物质——5-羟色胺不足等。它与先天的遗传以及后天的饮食习惯等有关。

（3）环境因素：与气候、噪声等有关。

如何控制自己的情绪

（1）提高修养：培养宽阔的胸怀、良好的心态、正确的思维方法，提高理性控制的能力。对人要宽容大度，将心比心，不斤斤计较。当遇不平之事时，也应该心平气和，冷静地、不抱成见地让对方明白他的言行之所错，而不应该迅速地做出不恰当的回击，从而剥夺了对方承认错误的机会。

（2）意识控制：当愤愤不已的情绪即将爆发时，要用意识控制自己，提醒自己应当保持理性，还可进行自我暗示："别发火，发火会伤身体"，有涵养的人一般能做到控制。

（3）情境转移：火儿上来的时候，对那些看不惯的人和事往往越看越气，越看越火，此时不妨来个"三十六计走为上策"，迅速离开使你发怒的场合，最好再能和谈得来的朋友一起听听音乐、散散步，你会渐渐地平静下来。

（4）承认自我：勇于承认自己爱发脾气，以求得他人帮助。如果周围人经常提醒、监督你，那么你的目标一定会达到。

（5）饮食调节：要少吃肉，多吃粗粮、蔬菜和水果。因为肉类使脑中色氨酸减少，大量肉食，会使人越来越烦躁。而保持清淡饮食，心情会比较温和。此外，气温超过 35℃时，出汗多致使血液黏稠度升高，也会引起人烦躁不安的情绪，多喝水可以起到让血液稀释的作用，让心情平和下来。

（6）医疗保健：如果脾气暴躁经常达到无法自控的程度，美国近期的一项研究显示，这些人有可能患上了名为"间歇性暴怒症"的心理疾病。通过抗抑郁药加上行为治疗，就可有效治疗。

（7）现在开始：现实生活中，一些人常常说："我过去经常发火，自从得了心脏病我才认识到，任何事情都不值得大动肝火。"请不要等到患上心脏病才想到不发火，要想克服爱发脾气的坏习惯，就从现在开始……

关于情绪影响健康的谚语

1. 一日三笑，人生难老；一日三恼，不老也老。

2. 遇怒不要恼，遇难莫急躁。

3. 常乐常笑，益寿之道。

4. 房宽地宽，不如心宽。

5. 知足者长乐，善笑者长寿。

6. 笑一笑十年少，愁一愁白了头。

控制情绪的故事

一天，陆军部长斯坦顿来到林肯那里，气呼呼地对他说一位少将用侮辱的话指责他偏袒一些人。林肯建议斯坦顿写一封内容尖刻的信回敬那家伙。

"可以狠狠地骂他一顿。"林肯说。

斯坦顿立刻写了一封措辞强烈的信，然后拿给林肯看。

"对了，对了。"林肯高声叫好，"要的就是这个！好好训他一顿，真写绝了，斯坦顿。"

但是当斯坦顿把信叠好装进信封里时，林肯却叫住他，问道："你干什么？"

"寄出去呀。"斯坦顿有些摸不着头脑了。

"不要胡闹。"林肯大声说，"这封信不能发，快把它扔到炉子里去。凡是生气时写的信，我都是这么处理的。这封信写得好，写的时候你已经解了气，现在感觉好多了吧，那么就请你把它烧掉，再写第二封信吧。"

第四章
沟通方法——掌握技巧、有效沟通

📢 **导读**

项目		课时	知识目标	指导项目	能力目标
沟通方法——掌握技巧有效沟通	一、同理倾听技巧	2	认识倾听的作用、原则、步骤、询问的要点以及马斯洛的需求理论	倾听、询问技巧训练	掌握有效倾听、有效发问的技巧
	二、口语沟通技巧	6	了解语言沟通的基本原则，纠正错误认识	有效拒绝、有效说服、有效赞美、有效批评训练	掌握各种使用口语有效沟通的方法
	三、书面沟通技巧	2	了解书面沟通的方式、特点、适用范围以及运用要点	书信、电子邮件沟通训练	掌握各种书面沟通的技巧
	四、非语言沟通技巧	2	了解空间距离、表情动作、语音语调的表意作用	非语言沟通技巧训练	掌握空间距离、表情动作、语音语调在沟通中的运用及方法

4.1　同理倾听技巧

倾听、询问技巧训练

【活动一】学会倾听

一、活动目的

1. 帮助学生认识倾听的重要性。

2. 体验不同的倾听态度和倾听习惯带给别人的不同感受，领悟不同的态度和做法在人际关系中的不同影响。

3. 对学生进行倾听训练，提高他们的人际交往技巧。

二、活动程序

（一）热身游戏：我说你听

（二）游戏步骤

1. 请学生听一则名为《黑熊和棕熊赛蜜》的故事。故事中会多次出现"蜜蜂"和"蜂蜜"这两个词。每当听到"蜜蜂"时，男同学起立，女同学坐着；听到"蜂蜜"时，女同学起立，男同学坐下。如果连续听到两个相同的词，则站立不动。

黑熊和棕熊赛蜜

黑熊和棕熊喜欢吃蜂蜜，它们都以养蜜蜂为生。它们各有一个蜂箱，养着同样多的蜜蜂。有一天，它们决定比赛看谁产的蜂蜜多。

黑熊想，蜂蜜的产量取决于蜜蜂每天对花的"访问量"。于是它买来了一套测量访问量的仪器。在它看来，蜜蜂所接触的花的数量就是其工作量。棕熊与黑熊想得不一样。它认为能产多少蜂蜜，关键在于蜜蜂每天采回多少花蜜——花蜜越多，酿的蜂蜜也越多。而且它也买了一套仪器，但测量的是每只蜜蜂每天采回花蜜的数量和整个蜂箱每天酿出蜂蜜的数量，并把结果公布。

一年过去，棕熊的蜜蜂产的蜂蜜比黑熊的蜜蜂产的蜂蜜多出整整一倍。

2. 教师提出问题：为什么有的同学会在活动中反应既快又准确，而有的同学出错较多？学生讨论发言。

3. 教师小结过渡：反应既快又准确的一个很重要的前提就是认真倾听。

三、心理剧《谁能听我说》

1. 学生心理剧表演

甲：王宝强迷/刚看完《集结号》/想和同学分享。

乙：不停变换身体姿势/插话、抢话题。

丙：东张西望/不停看表/不停转笔。

丁：每讲一句，就点头，最后反问"你刚才说什么？"/埋头看书/打哈欠、伸懒腰。

最后，甲失去了谈论的兴致，垂头丧气地走开了。自言自语（很无奈）道："怎么就没有人能好好地听我说呢？"

2. 讨论

（1）看完这个心理剧，请大家先判断一下，剧中的三个倾听者是受欢迎的倾听者吗？

（2）在他们身上都有哪些不受欢迎的倾听行为？

3. 倾听解密

教师引导学生分析这样的倾听行为有可能在向说话者传递什么样的信息。

（1）身子不停地转来转去或不停地变换姿势——什么时候可以结束啊！

（2）随意插话、抢话——你说的我都知道了。

（3）东张西望——你可不可以不要再说了。

（4）转笔——真有些无聊。

（5）不停地看表——逐客令：你是不是该走了？

（6）埋头做自己的事情——你爱说不说，我得干自己的事了。

（7）打哈欠、伸懒腰——我对你所说的内容没什么兴趣。

4. 引导

如果你是说话者，面对这样的倾听者，你有什么样的感受？

四、归纳受欢迎的倾听行为

教师：究竟什么样的倾听行为才是受欢迎的呢？

小组讨论：

1. 倾听时的目光与表情

2. 倾听时的姿势与动作

3. 当赞同对方的观点时

4. 当不赞同对方的意见时

5. 如果对方想说的话自己已经全知道了

6. 如果要鼓励对方谈下去

7. 倾听时还有哪些应该注意的地方

五、角色互换（人际交往黄金定律）

请刚才心理剧表演的说话者和倾听者重新上台，角色互换，尝试做一名"受欢迎的倾听者"，其他同学观察、强化。

六、倾听技巧"要素"

专心（认真听、不分心）

耐心（不轻易插话）

会心（给予适时的回应，鼓励对方说下去）

七、自我剖析

在你以往的倾听行为中，哪些不利于交往？今后该如何改进？（学生写纸上，并交流）

八、教师总结

【活动二】 学会询问——猜人名游戏

一、活动目的

训练学生熟练使用封闭式问题的能力，利用所获取的信息缩小范围，从而达到最终目的。该训练让学生在寻求"YES"答案的过程中，练习如何组织问题及分析所得到的信息。

二、活动对象

最适用于训练销售、物流专业学生及一线管理人员。

三、活动材料

4 顶写有名人名字的高帽（该班里的学生分为 4 个小组）。

四、活动程序

1. 在教室前面摆 4 把椅子。

2. 每组选一名代表为名人坐在椅子上，面对小组的队员们。

3. 教师给坐在椅子上的每一位名人带上写有名人名字的高帽。

4. 每组的组员除了坐在椅子上的自己不知道自己是什么名人，其他人员都知道，但谁都不能直接说出来。

5. 现在开始猜，从 1 号开始，他必须要问封闭式的问题，如"我是……吗？"如果小组成员回答"YES"，他还可以问第二个问题。如果小组成员回答"NO"，他就失去机会，轮到 2 号发问，依此类推。

6. 谁先猜出自己是谁者为胜。教师应准备一些小礼物给赢队。

五、有关讨论

（1）你认为哪一位名人提问者最有逻辑性？

（2）如果你是名人，你会怎样改进提问的方法？

4.2 口语沟通技巧

有效拒绝、有效说服、有效赞美、有效批评训练

【活动一】 狭路相逢

一、活动目的

通过解决问题的活动，增加成员之间的交流、沟通和身体的接触，加深团队成员间的关系，达到团队建设的目的。

二、场地人数

每 8～12 人为一小组，搬走桌椅的空教室，或室外场地。

三、活动用具

塑料地垫，数量是每组比参加人数多一块。穿运动裤装、平底鞋。

四、活动程序

1. 将各组塑胶地垫分别呈一字形在地上铺开，让参与者全部站在地垫上，留中间一个地垫不站人。

2. 学员分成两边相对而站（人数成双，两边对称；人数成单，一边可以多一人），通过中间的空格进行移动。

3. 移动的方式是只能前进一格或跳一格，不能后退。只要有人后退就要重来。

4. 当一组中有人知道答案时，要让小组每个人都知道答案。

5. 完成两边人的互换，并且维持由中间向两端的原来的站位顺序。

6. 活动完成后进行讨论。

五、讨论问题

1. 完成这个活动你觉得困难吗？

2. 在活动中你看到了什么？听到了什么？

3. 你们在活动中是如何协作的？

4. 完成活动你有什么感受？

5. 个人在团队中发挥了什么作用？

6. 你的经历中有类似情况吗？它对你有什么启示？

注意事项

1. 严格遵照活动规则，需要保证每个成员的安全。

2. 留意活动中问题解决的过程，讨论时给予回应，引发如何沟通的讨论，帮助同学享受团队解决问题的快乐。

六、活动变式

1. 可以考虑是否给团队讨论时间。

2. 可以考虑是否计时。

3. 可以考虑不许团队用言语进行交流。

七、活动评价

几乎每个人相互间都有肢体的自然接触，可以增进团队的人际关系。活动可以把大家的注意力都集中到问题解决中来，便于团队的形成，给团队成员交流沟通、共同决策的机会。站在塑胶地垫上一字排列，对讨论的交流有影响，但这样的设计有助于发现小组的沟通方式和领导的组织能力。

活动要求：请将每次活动内容填入表4-1、表4-2。

表 4-1

"与人沟通能力" 工作台账（个人）

学生姓名：　　　　专业部：　　　　　　　专业与年级：

授课教师：　　　　职业核心能力课教师：　　专业课教师：

课程开始日期：　　　　　　　　　　　　课程结束日期：

序号	日期	教学活动内容	学生自我评点	自我评分	教师评点	教师评分

学生自我总结与自评分：

学生签名：

教师评点与评分：

教师签名：

表 4-2

"与人沟通能力" 工作台账（小组）

小组名称：　　　　小组所在专业部：　　　专业与年级：

小组长：　　　　　小组成员：

授课教师：　　　　职业核心能力课教师：　　专业课教师：

课程开始日期：　　　　　　　　　　　　课程结束日期：

序号	日期	教学活动内容	学生自我评点	自我评分	教师评点	教师评分

小组学生自我总结与自评分：

学生签名：

教师评点与评分：

教师签名：

【活动二】 齐心下降

一、活动目的

在问题解决过程中，通过感受团队的沟通、合作和领导，来认识自己在团队中的人际交流方式。

二、场地人数

12～16 人为一组，搬走桌椅的空教室，或室外场地。

三、活动用具

把齐眉棍拼接成一根长棍，也可以用呼啦圈代替，围成圈。

四、活动程序

1. 主持人告诉大家这是一项高难度的活动，让大家能集中注意力，按要求去完成。

2. 让小组成员面对面站成两排，小组成员手心相对前举，做"手枪"式，各自伸出两手食指，然后将棍子放在每个人的双手的食指上，要求小组成员将棍子举到成员中身高最低者眉、额的位置，并保持水平。

3. 小组成员的任务是：在保证每个人的食指都和棍子水平接触的情况下，将棍往下移动至大家膝盖的高度。

4. 要求：下降过程中，不允许有任何人的食指离开棍子，一旦有一根手指离开棍子，任务就算失败，棍子必须回到起始高度，重新开始。

5. 给成员 10～15 分钟的尝试时间，时间到时不管是否完成任务，都停止活动并进行讨论。

五、讨论问题

1. 活动开始前你觉得这个活动容易吗？

2. 活动中你看到了什么？听到了什么？

3. 你的所想和你的所做一致吗？

4. 在活动中出现了什么问题？为什么棍子不能顺利向下移动？

5. 你觉得这个任务有可能完成吗？该如何去做？

6. 在团队合作中有没有类似的情况出现？

7. 这个活动和实际生活有什么相似的情况？给你什么启示？

8. 活动中的棍子在生活中像什么？

注意事项

1. 必须保证每双手都接触到棍子，并且手都在棍子下面。

2. 主持人要严格执行活动规则，一旦发现问题及时指出，回到起点。

3. 这个活动如果按要求去做难度很大，完不成是正常的。

4．注意观察个体的表现，启发大家回忆活动过程，了解个体在团队中的沟通表现，以及由此而引出的与现实生活的联系，以此增进对自我的了解。

六、活动变式

1．棍子也可以用拼接呼啦圈代替，围成圈，但每组人数将减少到 8～10 人；
2．棍子移动方向也可以反过来，由下往上移动，但下降时效果最明显；
3．尝试时间可以根据现场的情况变化。

七、活动评价

活动似乎很简单，但要成功地完成非常不容易，几乎没有小组能完全按要求完成。其中出现的问题有：首先，大家的目标虽然一致，但是每个人的标准是难以一致的，这就是活动的困难所在；其次，在过程中经常出现"你下去呀"而自己却在往上升的情况，这反映了成员各自的视角与为人处世的风格；同时，一项简单的工作，一定要求所有人必须参与，却不能很好分工，这样会增加任务的难度等。主持人要积极倾听，归纳大家的反馈，善于总结启发，不要牵强附会，让成员通过亲身经历来体验协作关系以及领导艺术等问题。

活动要求：请将每次活动内容填入表 4-3、表 4-4。

表 4-3

《与人沟通能力》工作台账（个人）

学生姓名：　　　　　　专业部：　　　　　　　专业与年级：

授课教师：　　　　　　职业核心能力课教师：　　　　专业课教师：

课程开始日期：　　　　　　　　　　　　　课程结束日期：

序号	日期	教学活动内容	学生自我评点	自我评分	教师评点	教师评分

学生自我总结与自评分：

学生签名：

教师评点与评分：

教师签名：

表 4-4

"与人沟通能力"工作台账（小组）

小组名称：　　　　　小组所在专业部：　　　　　专业与年级：

小组长：　　　　　　小组成员：

授课教师：　　　　　职业核心能力课教师：　　　　专业课教师：

课程开始日期：　　　　　　　　　　　　　　　　课程结束日期：

序号	日期	教学活动内容	学生自我评点	自我评分	教师评点	教师评分

小组学生自我总结与自评分：

学生签名：

教师评点与评分：

教师签名：

4.3　书面沟通技巧

书信、电子邮件沟通训练

【活动一】 "对书面作业（考试卷、论文、报告）的评析"

情景：取出你的作业本，自己对作业本进行评价，看着愉悦吗？还是看着厌烦？内容组织有逻辑条理性吗？用书面沟通要求——评价；请学生欣赏你的作业本，说说心里话。

【活动二】 "写一张交代事宜的简函"

情景：你是圆通物流公司员工，有事要外出请假，准备写一份给经理的请假条，再写一份给带班者的注意事项交代的简函。各一份写好，并点评。

【活动三】 "写一封给客户的信"

情景：关于会务安排的各种相关事宜，你计划先给龙翔商贸公司的万总书面联系一下，所以你写一份书面方案。用传真发过去。写好，点评。

【活动四】 "撰写一份报告书（申请书—建议书—策划书）"

情景：你是圆通物流公司的团支书，为了激发年轻人的活力，也为了公司提供丰富的娱乐项目供客人参与活动，你有了一个相关的计划。在与各位团支部委员协商后，由你执笔。写好，点评。

【活动五】　"给客户写发 E-mail 或短信"

情景：实习生小王发送 E-mail 给培训部王经理，内容关于询问"会议在哪里、几时开等有关参加会议的信息"。

问题与实训：实习生小王应该如何发送短信息？模拟实践之。

注：小王由学生扮演，经理由教师扮演，实际写短信并发送；学生有意识抽取；短信息朗读公布，若干同学点评，教师小结；再实践，同学总结，教师总结，并引申，最后提供建议。

提示：礼仪规范——

① 有尊称："王经理：您好！"

② 先表明身份、客气地表示打扰与请求帮助："我是×××的小王。麻烦您请告诉我……。"

③ 表示感谢与署名："谢谢您。×××"

④ 事后再致谢意。"王经理：谢谢您！信已经收到。谢谢。×××"

⑤ 要有明确的主题，如"王小武致王经理的……"；

⑥ 有附件的，还要有简洁的说明与致谢，如"王经理：关于……的资料已发给你，请查收。谢谢。王小武。2013-6-28"

⑦ 不适合经常用"！"。

【活动六】　"与客户 QQ 联系"

情景：你有会务安排的新策划要与客户沟通，因为很急，刚好对方在线上，你想通过 QQ 详细互动。

网络沟通也是一门学问。在回复一些电子邮件和 IM 上与人聊天的时候，明显感觉到不同的人或礼貌或冒昧，或文雅或粗鲁。为了高效的进行网络沟通，掌握一定的网络礼仪是有必要的。因此，需要掌握以下网络沟通原则。

1. 我们是在和人交流，即使是陌生人。因此现实生活中如何沟通，网络上也该如何。

2. 尊重别人，尊重他人的隐私，不要随意公开私人邮件、聊天记录和视频等内容。尊重他人的知识，人都会有犯错误的时候，不要好为人师，不要自诩高人一筹。尊重他人的劳动，不要剽窃，随意修改和张贴别人的劳动成果，除非是他人主观意愿。尊重他人的时间，在沟通提问以前，先确定自己无法解决，且对方是正确的人。

3. 自信，但是要注意谦虚，做好细节。不要刻意放低自己，但是如果对某个方面不熟悉，不要冒充专家。任何消息发送前，要仔细检查语法和用词，不要故意挑衅和使用脏话。

电子邮件的注意事项

1. 主题应当精简，不要发送无主题和无意义主题的电子邮件。

2. 注意称呼，避免冒昧：当与不熟悉的人通信时，请使用恰当的语气，使用适当的称呼和敬语。

3. 注意邮件正文拼写和语法的正确性，避免使用不规范的问题和表情符号。使用简单易懂的主题可以准确传达你的电子邮件的要点。

4. 因为邮件容易丢失，因此应当小心查问， 不是无理猜测并暗责对方。在自己做到及时回复邮件的同时，不要对他人回复信件的时效性做过分期许。

5. 不要随意转发电子邮件，尤其是不要随意转发带附件的电子邮件，除非你认为此邮件对于别人的确有价值。在病毒泛滥的今天，除非附件是必需的，否则应该避免 Word、PPT 附件，多使用 PDF。在正文中应当包含附件的简要介绍。邮件要使用纯文本或易于阅读的字体，不要使用花哨的装饰。最好不使用带广告的电子邮箱。

4.4　非语言沟通技巧

【活动一】　解手链

一、活动方法

1. 将全班学生分成若干个小组，每组 8 人，让每组成员手拉手围站成一个圆圈，记住自己左右手各相握的人。

2. 在节奏感较强的背景音乐声中，大家放开手，随意走动，音乐一停，脚步即停。找到原来左右手相握的人，再分别握住。

3. 小组中所有参与者的手都彼此相握，形成了一个错综复杂的"手链"。在节奏舒展的背景音乐中，主持人要求大家在手不松开的情况下，无论用什么方法，将交错的"手链"解成一个大圆圈。

4. 如果过程中实在解不开，可允许组员决定相邻两只手断开一次，但再次进行时必须马上封闭。

提示：解"手链"过程中，可以采用各种方法，如跨、钻、套、转等，就是不能放开手。（可再次增加人数继续游戏）

二、组织讨论

1. 你开始的感觉怎样，是否感觉思路混乱？

2. 当解开一点以后，你的想法是否发生变化？

3. 最后问题解决以后，你是否感觉很开心？

【活动二】　快乐传真

请 5 个同学上来参加游戏，让他们站成一排，所有人都是背向教师的，教师首先让第一个同学转过来，然后给他一个词或句子，再由他表演给下一个同学看，以此类推，看看最后一位同学与第一位同学所表达的会是怎样的天壤之别……

教师：做完了这个游戏，相信大家对什么是非语言沟通已经有了一定的了解吧，那有谁能不能描述一下什么是非语言沟通呢？

📊 **典型案例**

　　我国经典名著《三国演义》中有一个脍炙人口的故事"空城计"，讲的就是："孔明弹琴退仲达"。诸葛亮守着空城，在城楼上镇定自若，笑容可掬，焚香弹琴。司马懿的 15 万大军不战自退。诸葛亮妙用非语言沟通的技巧传递给司马懿一个虚假的信息，吓退了司马懿的 15 万大军，从而转危为安。由此可见，在非语言信息的传播领域里，可以说是"眉来眼去传情意，举手投足皆语言"。

　　教师：同学们能不能也举一些我们现实生活中运用到非语言沟通的例子？

　　教师：学习图 4-1 中几种面部表情的表现形式，接下来就是现场实践应用了，让我们试一试吧！

图 4-1　经典面部表情

　　情景表演：请 4 个同学上台，分成两组，告诉他们表演的情境，让其准备 3 分钟后上台表演。

情境 1

　　小 A 在某次学校的模拟考试中数学成绩不及格，回家后爸爸刚好问起了他的考试成绩，小 A 吞吞吐吐，最后在他爸爸的追问下不得不说出自己的成绩。爸爸听完很生气，就训斥了小 A 一顿。小 A 觉得很伤心，就当场哭了……

情境2

小 B 在这次学校的模拟考试中得了全班的第一名，就回家第一时间把这个消息告诉了爸爸。他爸爸很高兴，表扬了他，还鼓励他要再接再厉。小 B 受到他爸爸的表扬心里乐滋滋的……

教师：面部表情除了情绪以外，还有另一种表现形式，那就是眼神，我们说："眼睛是心灵的窗户"，这是有依据的，因为我们通过观察一个人的眼神常常就可以判断出其内心的真实想法。而眼神又是很复杂的，不同的眼神往往代表着不同的含义，所以我们就更应该严肃对待它。

眼神：A. 目光投射的方向（见图 4-2）

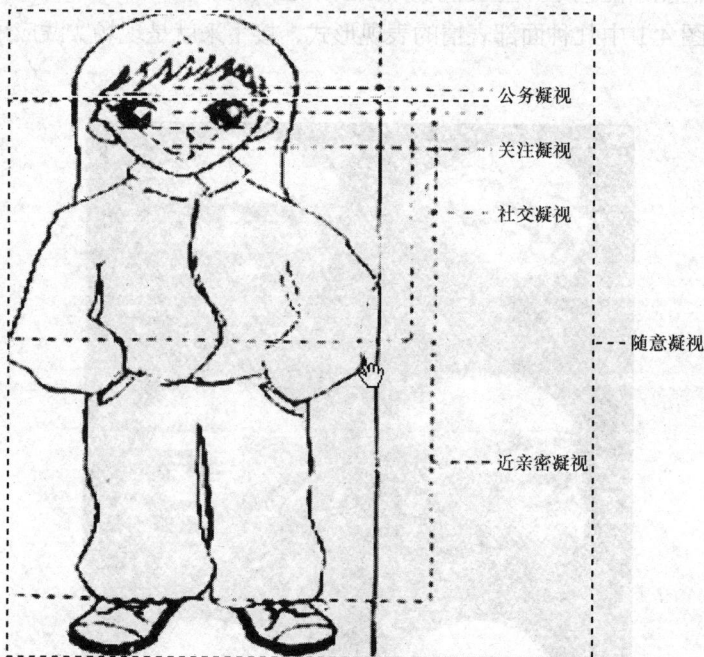

图 4-2　目光投射的方向

B. 目光投射的方式

中国古人对某人喜欢，则用青眼注视对方，即青睐；讨厌某人则用白眼。

C. 目光投射的角度

直视表示平等，仰视表示崇敬、期待，俯视表示权威、支配。

D. 目光投射的时限

长久注视是失礼行为，也可认为是挑衅行为。

刚看一眼就目光闪开，会被认为是做贼心虚、诚心不足、说谎话怕被人识破；

长久不注视，是一种冷落对方、不重视对方、对对方的谈话不感兴趣的表现。

控制对方的眼光，如开会时讲话者用点视目光来暗示到会者不要开小差。其目的是为了使对方聚精会神地接收信息。

静态语——

1. 空间效应：人际距离
2. 时间控制：行为是否礼貌
3. 环境布置
4. 衣着仪表

类语言——

类语言是指有声而无固定意义的语言外符号系统，如哭泣、笑声、哼声、叹息、咳嗽、掌声以及各种叫声，都属于类语言交际符号。

第五章
沟通运用——通观全局、高效沟通

导读

项目		课时	知识目标	指导项目	能力目标
沟通运用——通观全局高效沟通	一、与不同对象的沟通技巧	10	了解文化差异、社会角色差异以及性格差异对沟通效果的影响	与领导、客户沟通训练	能够灵活运用所学技巧与方法，正确处理各种人际关系，实现人际间的高效沟通
	二、不同场合下的沟通技巧	6	了解商务谈判、会议沟通以及面试的一般流程、注意事项和沟通要点	商务谈判、会议沟通、面试沟通	能够灵活运用所学技巧与方法，正确处理不同场合的人际问题，实现高效沟通

5.1　与不同对象的沟通技巧

与上级、客户沟通训练

【活动一】 与上级沟通

一、活动目的

模拟部属与领导之间的沟通能力。

二、活动规则

1. 5 人为一小组，1 人扮演上级主管的角色，1 人扮演直接主管的角色，另 3 人扮演部属角色。

2. 任务分别写在以下的角色单中，并用信封将角色单装好，分给每个角色。

3. 上级主管与部属分别独立完成，由直接主管担任联系。

4. 每组需要共同完成任务，如果完成任务举手示意。

5. 游戏时间 40 分钟。

（1）你只可以与直接主管及其他两位同学互相写 MEMO 书面沟通，不可以越级报告。这里的 MEMO 是 memorandum 的缩写，指"便函、便笺"。

（2）你和其他人一样，手中都有 5 种图片（见图 5-1）。

（3）你的直接主管及上级主管将领导你们完成任务。

（4）手中的图片不可露白，也不可传递。

三位部属的角色单

图 5-1

（1）你可以与上级主管及部属在纸上沟通。

（2）你和其他人员一样，手中各有 5 种图片（见图 5-2）。

（3）你的主管将领导你们完成任务。

（4）手中的图片不可露白，也不可传递。

直接主管角色单

图 5-2

（1）你只能与直接主管沟通，不能越级指挥。

（2）包括你在内，每人手中都有 5 种图片（见图 5-3）。

（3）你的任务就是"找出每个人相同的一种图形，并使每一成员均了解完成任务的答案"。

（4）完成任务时，请举手。

（5）有任何问题，可举手请教教师。

（6）手中的图片不可露白，也不可传递。

上级主管角色单

图 5-3

5 人相同的图形见图 5-4。

活动提示：以上图片仅供参考，在实际教学中，指导教师可以更换其他不同照片，以完成教学任务。

图 5-4

【活动二】 与客户沟通

瞎子摸号

一、活动目的

让学生体会沟通的方法有很多，当环境及条件受到限制时，你是怎样去改变自己，用什么方法来解决问题。

二、活动人数

14～16 人为一组比较合适。

三、活动用具及场地

摄像机、眼罩及小贴纸和空地。

四、活动对象

参加团队建设训练的全体学生。

五、活动程序

1. 让每位学生戴上眼罩。
2. 给他们每人一个号码，但这个号码只有本人知道。
3. 让小组的全体成员根据每人的号码数，按从小到大的顺序排列出一条直线。
4. 全过程不能说话，只要有人说话或脱下眼罩，游戏结束。
5. 全过程录像，并在点评之前放给学生看。

六、活动讨论

1. 你是用什么方法来通知小组成员你的位置和号数？
2. 沟通中都遇到了什么问题，你是怎么解决这些问题的？

5.2 不同场合下的沟通技巧

商务谈判、会议沟通、面试沟通训练

【活动一】 巧解绳结

一、活动人数

两人以上。

二、活动时间

15 分钟。

三、活动材料

两端有绳套、长为 1.3 米的绳子若干条。

四、活动程序

1. 教师发给每位学生一条上述的绳子（见图 5-5）。

2. 每位学生分别将绳子两端的绳套套在自己两只手腕上。同时将绳子与另一位组员手上的绳子交叉连接，让学生想办法解开绳子（见图 5-6）。

3. 告诉学生解开绳结方法，然后让所有学生组成一个大的绳结，两两交叉。让学生尽量用最快速的方法解开绳结（见图 5-7）。

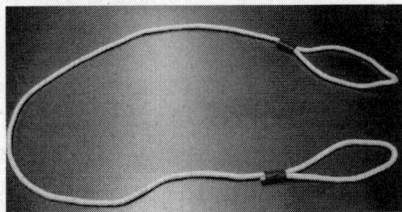

图 5-5

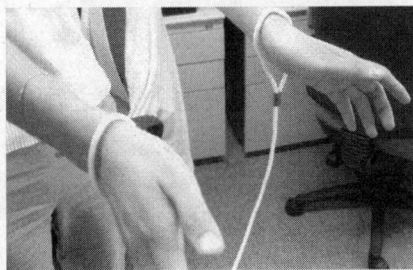

图 5-6

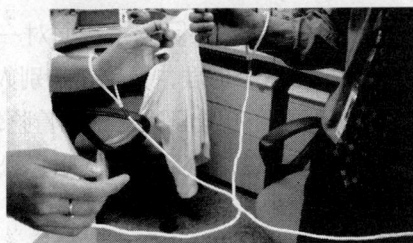

图 5-7

注意事项

1. 在解绳结的过程中，每个学生手上的绳套都不能脱离手腕。

2. 不能将自己两只手上的绳套交换。

五、活动讨论

1. 当你接到这个问题时，你的第一个反应是什么，然后你做出了什么行动？

2. 在尝试了一段时间之后，你有什么感觉？你是否相信有可能解开？你是否开始与别人进行沟通？

3. 当你听说有的学生已经解开了的时候，你在想什么？

【活动二】 笑容可掬

一、活动目的

本活动以一个很热闹的形式，加强了团队之间的沟通与交流，同时能够增进彼此之间的感情。

二、活动规则和程序

1. 让学生站成两排，两两相对。

2. 每排派出一名代表，立于队伍的两端。

3. 相互鞠躬，身体要弯腰成 90°，高喊"你好"。

4. 向前走，交会于队伍中央，再相互鞠躬高喊一次"你好"。

5. 鞠躬者与其余成员均不可笑，笑出声者即被对方俘虏，需排至对方队伍最后入列。

6. 依次交换代表人选。

三、活动讨论

1. 这个游戏给你最大的感觉是什么？做完这个游戏之后，你有没有觉得心情格外舒畅？

2. 本游戏给你的日常生活与工作以什么启示？

📊 总结

1. 人们常说，当你面对生活的时候，你实际上是在面对一面镜子，你笑，生活笑，你哭，生活也在哭。面对别人的时候也是这个道理，要想获得别人的笑容，你首先要绽放自己的笑容。所谓己所不欲勿施于人，既然你不想让别人对你绷着脸，为何要对别人绷着脸呢？

2. 在团队合作中，彼此之间保持默契，维系一种快乐轻松的氛围，会非常有利于大家彼此之间的沟通，也会加快我们的合作步伐。

应用：（1）促进团队成员间的沟通与交流。

（2）使大家尽快活络起来。

【活动三】 苹果与凤梨

说明

1. 全体学生围成一圈。

2. 教师先和相邻的人进行演示。

教师：这是苹果。

相邻的人回答：什么？

教师：苹果。

相邻的人回答：谢谢！

3. 回答完这一对话程序，由相邻的人（甲）开始问他的下一个同伴（乙）相同的问题：

甲：这是苹果。

乙：什么？

甲（对教师说）：什么？

教师：苹果。

甲：苹果。

乙：谢谢！

4. 将此对话一直持续下去，最终传到教师；同时教师向另一个方向相邻的人传递凤梨，这样两句话就朝相反的方向进行传递。

5. 注意事项。

（1）教师要密切注意对话的流向，特别是苹果和凤梨的走向；

（2）这是一个非常有趣和复杂的游戏，教师应该提醒对话过程中的回答的规律，要求参加活动的学生要有特别高的注意力和反应能力。

【沟通小秘诀】

与人沟通的"八戒""六想""五心"，以供同学们参考。

八戒：一戒出口伤人；二戒翻旧账本；三戒暴力倾向；四戒怀恨在心；五戒逃避问题；六戒争强好胜；七戒胡乱开火；八戒招兵买马。

六想：一想体面；二想修养；三想利弊；四、为对方想；五、为团体想；六、事后静心想一想。

五心：自信心、爱心、关心、善心、同情心。

【名家支招】

美国心理学家戴尔·卡耐基曾提供了几条建议或称之为交友秘诀，它们是：

A. 对别人真诚地感兴趣；

B. 经常对别人报以会心的微笑；

C. 做一个好的听众，不当"演说家"；

D. 谈论别人感兴趣的事情；

E. 经常让对方感觉到自己重要；

F. 避免与对方正面争吵；

G. 不要总显得自己比别人更高明；

H. 勇敢承认错误；

I. 多从别人角度去考虑问题；

J. 永持同情心；

K. 尽可能使彼此的交往有趣味；

L. 以积极的态度开展竞争。

这 12 条秘诀在我们交友初期很有参考价值。

第二部分
与人沟通能力训练
指导手册

第一章 概述

【课程教学训练设计】

一、课程目标

1. 能力目标

（1）能力主目标

序号	能力主目标指向
1	访问沟通的能力
2	电话沟通的能力
3	会议沟通的能力
4	短信沟通的能力
5	书信沟通的能力
6	超级沟通的能力

（2）能力辅目标

序号	能力辅目标指向
1	能发现和解决问题的初步能力
2	能与人进行合作的初步能力
3	能进行信息处理的初步能力
4	能进行自我学习的初步能力
5	能承受压力和挫折的初步能力

（3）能力目标指向

序号	能力目标指向
1	能准确定义和界定沟通对象
2	能明确提出沟通目标
3	能依据沟通对象的需求和沟通的内容（素材）开发沟通方案
4	能比较方案和选择最佳方案
5	能实施方案与修正及调整方案
6	能对方案执行情况进行评估并提出改正方案

2. 知识目标

（1）知识主目标

序号	知识目标
1	沟通定义
2	沟通目的
3	沟通分类
4	沟通步骤
5	成功沟通的条件
6	沟通技巧
7	沟通障碍
8	沟通基本功
9	超级沟通方法与技术

（2）知识辅目标

序号	知识目标
1	掌握发现和解决问题的方法
2	掌握与人合作的基本方法（确定合作目标、合作者关系、小组成员构成要求）
3	掌握信息处理的基本方法（确定收集信息目标、范围、程度，传递和交流信息）
4	掌握自我学习的基本方法（针对不足制订学习计划，具体学习获得所需知识与能力）
5	掌握自我减压的基本方法

二、训练课程进度表

序号	训练内容	学时
1	建立有效沟通小组（学生进校即一次性建立项目团队），界定沟通内容及沟通对象	2
2	制定沟通方案	6
3	实施沟通方案	6
4	学生自查、效果评估、汇报分享、教师评点	2
合计		16

注：课时不足部分，由各小组自行组织解决

第二章
公共服务中的沟通训练

一、项目描述与情意

走进敬老院（孤儿院、智障中心、临终关怀中心）。

学生刚刚学习完各种有效沟通的课程，并做了沟通基本功训练，成果如何，需要实战检验。

沟通有访问沟通、电话沟通、会议沟通、短信沟通、书信沟通等形式，访问沟通对沟通者的要求最高，通过组织"走进敬老院（孤儿院、智障中心、临终关怀中心）"的活动，一方面可以检验学生学习沟通课程后的成果，另一方面，有助于学生在与被沟通对象交流、为被沟通对象服务中，体验到真实的社会、真实的生活和真实的人生，对每个学生而言是一次受教育的机会，也是一次心灵的触动，这可以为未来的学习奠定坚实的基础，增进学习的动力。

二、项目操作

（一）成立项目操作团队（有效沟通小组）

任务单1		创建团队、构建团队运行机制	
任务类型		教师指派	
教师工作任务	指导、评价	学生工作任务	主体完成
任务描述	1. 依据 CIS 原理完成团队名称、口号、图案标识、含义诠释、团队崇尚文化和价值观等开发设计； 2. 团队成员间相互交流，了解各自性格、特长、爱好、习惯等，并做书面报告，依据报告进行团队成员工作分工（参考：组长、财务、宣传、档案、安全、执笔、外勤、后勤等）； 3. 讨论确立各分工职责； 4. 确定团队运行规则、工作制度、安全公约、调研纪律		
任务要求	1. 制度制定简单实用； 2. 职责确定明确到位； 3. 完成团队文化、口号、标识等设计，并得到团队成员一致认可； 4. 团队名称、图案标识、口号等要求在 A3 纸张上制作提交，其余均提交电子文档； 5. 提交时间可根据实际情况自定； 6. 提交对象：各班指导教师		

检验 考核	师生共评、核定成绩、记录在案		
物化 成果	以上均为物化成果		
实现 目标	技能目标	知识目标	态度目标
	组织能力	CIS 应用 组织建设 制度建设	团队精神 与人相处 与人合作
拓展 学习	团队文化 CIS 策划		
总结 评估			

CIS 是 corporate identity system 的缩写，意思是企业形象识别系统。CIS 的主要含义是：将企业文化与经营理念统一设计，利用整体表达体系（尤其是视觉表达系统）传达给企业内部与公众，使其对企业产生一致的认同感，以形成良好的企业印象，最终促进企业产品和服务的销售。

（二）定义及描述沟通对象

任务单 2	准确定义及描述沟通对象		
任务类型	教师指派		
教师 工作任务	指导 评价	学生 工作任务	自主 完成
任务 描述	学生自选或学校指派敬老院、孤儿院、智障中心、临终关怀中心等特殊群体机构，通过与该特殊群体的接触、交流、沟通，解决其精神和心理问题，达到有效沟通的目的		
任务 要求	1. 初步确定被沟通群体对象； 2. 查阅资料，开展沟通群体研究； 3. 制定调研计划； 4. 开展沟通对象调研，了解对象特征和各项需求； 5. 分析沟通群体调研数据信息； 6. 确定沟通问题； 7. 形成描述报告； 8. 与指导教师沟通； 9. 提交方式： 10. 提交时间： 11. 提交对象： 12. 其他		
检验 考核	师生共评、核定成绩、记录在案		

物化成果	以上均为物化成果		
实现目标	技能目标	知识目标	态度目标
	调研能力	调研知识	团队精神 与人相处 与人合作
拓展学习	问卷设计 数据统计分析		
总结评估			

（三）明确沟通目标

任务单 3	明确沟通目标		
任务类型	**教师指派**		
教师工作任务	指导评价	学生工作任务	自主完成
任务描述	根据被沟通对象目前现状及沟通障碍情况，充分考虑到自己团队的能力，确定合理的、可企及的沟通目标，并加以准确描述		
任务要求	1. 沟通目标界定书； 2. 目标实现可能性分析		
检验考核	师生共评、核定成绩、记录在案		
物化成果	以上均为物化成果		
实现目标	技能目标	知识目标	态度目标
拓展学习			
总结评估			

（四）开发沟通方案

任务单 4	开发沟通方案		
任务类型	**教师指派**		
教师工作任务	指导评价	学生工作任务	自主完成
任务描述	根据沟通对象的特征开发有效沟通的方案		

任务 要求	1. 开发沟通方案（不低于三套）； 2. 沟通实施方案		
检验 考核	师生共评、核定成绩、记录在案		
物化 成果	以上均为物化成果		
实现 目标	技能目标	知识目标	态度目标
拓展 学习			
总结 评估			

（五）方案论证与决策

任务单 5	方案论证与决策		
任务类型	教师指派		
教师 工作任务	指导 评价	学生 工作任务	自主 完成
任务 描述	召开方案论证会，对方案进行决策		
任务 要求	1. 组织方案论证会； 2. 编写方案决策书		
检验 考核	师生共评、核定成绩、记录在案		
物化 成果	以上均为物化成果		
实现 目标	技能目标	知识目标	态度目标
拓展 学习			
总结 评估			

（六）方案实施

任务单 6	方案实施		
任务类型	教师指派		
教师 工作任务	指导 评价	学生 工作任务	自主 完成

任务描述	组织实施所选定的方案		
任务要求	1. 实施计划书； 2. 实施过程材料； 3. 方案调整与完善		
检验考核	师生共评、核定成绩、记录在案		
物化成果	以上均为物化成果		
实现目标	技能目标	知识目标	态度目标
拓展学习			
总结评估			

（七）方案实施效果评估与汇报

任务单 7	方案实施效果评估与汇报		
任务类型	教师指派		
教师工作任务	指导评价	学生工作任务	自主完成
任务描述	对方案实施的效果进行评估和汇报		
任务要求	1. 实施结果汇报； 2. 实施结果评估； 3. 项目案例编撰		
检验考核	师生共评、核定成绩、记录在案		
物化成果	以上均为物化成果		
实现目标	技能目标	知识目标	态度目标
拓展学习			
总结评估			

（八）典型案例集锦（各组典型实施案例集锦）

【参考活动项目】

体验与残疾人的沟通

本环节会通过体验游戏，让学生首先亲身经历并感受与残疾人沟通。

活动方式：两人一组为一个体验单位。

注意事项：安全问题。

条件一：其中一人把眼睛蒙上（可利用发带、眼罩等）；

条件二：不能使用双手（可以利用丝带等限制作效果辅助）；

条件三：两人均不可用声音交流。

三个条件设置了盲、哑、肢残特征。

要求：在10分钟内，非盲学生要带领盲学生经历一段旅程（具体根据课程场地实施）。

效果：体验后分享心得，让学生更直观地体会残疾人的种种身体限制所带来的不便，在有过亲身体验后，对残疾人有更多的理解，在协助残疾人士时也有更多的心理准备与方法。

第三章
电话沟通训练

一、电话沟通项目描述与情境

电话已经成为现代社会沟通的重要工具。基于学校的某项调研工作、某企业某项产品或服务项目推广工作、学校实习基地建设工作、某企业某项业务外包工作、学校承揽的某个创业项目工作等，交由学生沟通小组负责推广、传播、营销，从而达到以实际项目提升学生沟通能力的效果。

二、项目操作

（一）定义及描述产品、服务或资讯信息

任务单1	准确定义及描述产品、服务或资讯信息		
任务类型	教师指派		
教师工作任务	指导评价	学生工作任务	自主完成
任务描述	承揽某企业外包项目，或社会某创业项目，利用电话开展销售工作。电话营销工作开始前需要很好界定需要沟通的产品、服务、资讯及相关信息等		
任务要求	1. 产品基本信息； 2. 产品特征； 3. 产品优势； 4. 产品卖点挖掘		
检验考核	师生共评、核定成绩、记录在案		
物化成果	以上均为物化成果		
实现目标	技能目标	知识目标	态度目标
	分析观察总结能力		团队精神 与人相处 与人合作
拓展学习			
总结评估			

（二）分析目标市场需求

任务单 2	分析目标市场需求		
任务类型	教师指派		
教师 工作任务	指导 评价	学生 工作任务	自主 完成
任务 描述	对沟通对象进行系统分析研究，以准确掌握其消费特点、消费习惯、消费趋向、消费偏好		
任务 要求	1. 目标消费者特点； 2. 消费习惯； 3. 消费心理； 4. 消费趋向； 5. 消费偏好		
检验 考核	师生共评、核定成绩、记录在案		
物化 成果	以上均为物化成果		
实现 目标	技能目标	知识目标	态度目标
拓展 学习			
总结 评估			

（三）开发电话沟通话术

任务单 3	开发电话沟通话术		
任务类型	教师指派		
教师 工作任务	指导 评价	学生 工作任务	自主 完成
任务 描述	把产品及服务特征与消费者需求有机结合，开发出针对该消费群体进行电话营销的话术手册		
任务 要求	电话营销话术手册		
检验 考核	师生共评、核定成绩、记录在案		
物化 成果	以上均为物化成果		
实现 目标	技能目标	知识目标	态度目标
拓展 学习			
总结 评估			

（四）制订电话营销计划与方案

任务单 4	制定电话营销计划与方案		
任务类型	教师指派		
教师 工作任务	指导 评价	学生 工作任务	自主 完成
任务 描述	制订电话营销计划及实施方案书		
任务 要求	1. 电话营销计划方案； 2. 方案实施书		
检验 考核	师生共评、核定成绩、记录在案		
物化 成果	以上均为物化成果		
实现 目标	技能目标	知识目标 制定方案、方案要素	态度目标
拓展 学习			
总结 评估			

（五）方案论证与决策

任务单 5	方案论证与决策		
任务类型	教师指派		
教师 工作任务	指导 评价	学生 工作任务	自主 完成
任务 描述	召开方案论证会，对方案进行决策		
任务 要求	1. 组织方案论证会； 2. 方案决策书		
检验 考核	师生共评、核定成绩、记录在案		
物化 成果	以上均为物化成果		
实现 目标	技能目标	知识目标	态度目标
拓展 学习			
总结 评估			

（六）方案实施

任务单 6	方案实施		
任务类型	**教师指派**		
教师 工作任务	指导 评价	学生 工作任务	自主 完成
任务 描述	实施该方案		
任务 要求	1. 实施该方案的过程材料； 2. 实施该方案的结果； 3. 方案实施过程中的修正和完善		
检验 考核	师生共评、核定成绩、记录在案		
物化 成果	以上均为物化成果		
实现 目标	技能目标	知识目标	态度目标
拓展 学习			
总结 评估			

（七）项目案例集锦

参考案例

案例1

一次失败的电话销售

数月以前，一家国内 IT 公司进行笔记本电脑的促销活动，我是接到推销电话的一个他们认为的潜在客户。

"先生，您好，这里是 HR 公司个人终端服务中心，我们在搞一个调研活动，您有时间我们可以问两个问题吗？"

我说："你讲。"

销售员："您经常使用电脑吗？"

我说："是的，工作无法离开电脑？"

销售员："您用的是台式机还是笔记本电脑？"

我说："在办公室，用的是台式机，在家就用笔记本电脑。"

销售员："最近我们的笔记本电脑有一个特别优惠的促销活动，您是否有兴趣？"

我说："你就是在促销笔记本电脑吧？不是搞调研吧？"

销售员："其实，也是，但是……"

我说："你不用说了，我现在对笔记本电脑没有购买兴趣，因为我有了，而且，现在用得很好。"

销售员："不是，我的意思是，这次机会很难得，所以，我……"

我问："你做电话销售多长时间了？"

销售员："不到两个月。"

我问："在开始上岗前，HR部门给你们做了电话销售的培训了吗？"

销售员："做了两次。"

我问："是外请的电话销售的专业公司给你们培训的，还是你们的销售经理给培训的？"

销售员："是销售经理。"

我问："培训了两次，一次多长时间？"

销售员："一次大约就是两个小时吧，就是说了说，也不是特别正规的培训。"

我问："你现在做这个笔记本电脑的电话销售，成绩如何？"

销售员："其实，我们遇到了许多销售中的问题，的确，销售成绩不是很理想。"

这番对话没有终止在这里，我们继续谈了大约半小时，我向她讲解了销售培训中应该提供的知识以及她们的销售经理应该给她们提供的各种工作中的辅导。

点评与分析

类似的推销电话，许多人也都有类似的体验，然而多数的电话销售的销售成绩都不理想，其中一个重要的原因就是对销售队伍的有效培训不到位。

这是客气的说法。其实，许多企业就根本没有科学的、到位的电话销售培训，虽然许多企业已经意识到电话销售其实是一种降低销售成本的有效的销售方式，避免了渠道问题，也有机会直接接触到客户，所以，电话销售越来越普遍了，尤其是戴尔取得了直销成功以后，追随戴尔搞电话直销的IT公司风起云涌，层出不穷，导致中国已经成为世界上呼叫中心成长最快的国家。然而，电话销售的要点又是什么呢？不妨从对上面的对话开始分析。

点评一：回避在电话接通的开始就露出销售的目的显然是经过周密策划的，进行过精心的布置和培训，让电话销售人员可以用巧妙的方法建立与没有见过面的、本来就疑心重重的潜在客户的最初的沟通，既有好处，又有弱项。岂不知，间接引入法对销售人员的要求相当高，一旦潜在客户识别出来以后，销售人员要有高超的沟通水平来挽回客户更加强烈的抵抗心理，所以，从这个细节来看，HR公司的确培训了，从后面的对话还可以看出来该销售人员的不足。

点评二：潜在客户已经陈述了自己有笔记本电脑，而该销售人员没有有效地响应客户的话题，只顾按自己预先设计好的思路来推进，会取得什么效果呢？其实，在客户的回答以后，恰恰应该是发问的最好时机，既可以有效地呼应开始设计调研的借口，也可以逐渐来挖掘客户在使用笔记本电脑时的主要困惑，从而来揭示客户潜在的需求，可惜，这个销售人员不过是简单、机械地按照培训的套路来自说自话。这是个严重错误。

点评三：严重缺乏随机应变的有效培训，在这个关键转折点，恰好就是切入对潜在客户的有效赞扬的时机，从而来获取客户充分的信任，结果，这个销售人员的回答暴露了一切弱点，并导致潜在客户完全失去了耐心。如果不是我，这个客户已经挂机了，这个销售可能不过碰到了与 98%客户一样的挂机而已。

点评四：这个对话中已经可以确认了××公司对电话销售的培养有多么薄弱。所以，连××公司这样的世界 500 强企业在电话销售都是如此地弱智，就不要责怪和埋怨其他的企业对电话销售的努力探索的精神和执着的热情了。

仅仅凭借经验、热情、努力和勤奋，电话销售无法获得实在业绩。成功需要方法！电话销售需要明确的技能、可操作的技巧、可以应用的流程，这才是达成电话销售的核心。

案例2

销售员："您好，您好是实力润滑油有限公司吗？你们的网站好像反应很慢，谁是网络管理员，请帮我接电话。"

前台："我们网站很慢吗？好像速度还可以呀。"

销售员："你们使用的是内部局域网吗？"

前台："是呀！"

销售员："所以，肯定会比在外面访问要快，但是，我们现在要等 5 分钟，第一页还没有完全显示出来，你们有网管吗？"

前台："您等一下，我给您转过去。"

销售员："您等一下，请问，网管怎么称呼。"

前台："有两个呢，我也不知道谁在，一个是小吴，一个是刘芳。我给你转过去是吧。"

销售员："谢谢！"（等待）

刘芳："你好！你找谁？"

销售员："我是长城服务器客户顾问，我刚才访问你们的网站，想了解一下有关奥迪用润滑油的情况，你看都 10 分钟了，怎么网页还没有显示全呢？您是？"

刘芳："我是刘芳，不会吧？我这里看还可以呀！"

销售员："你们使用的是局域的内部网吗？如果是，你是无法发现这个问题的，如果可以用拨号上网的话，你就可以发现了。"

刘芳："您怎么称呼？您是要购买我们的润滑油吗？"

销售员："我是长城服务器客户顾问，我叫曹力，曹操的曹，力量的力。我平时也在用你们的润滑油，今天想看一下网站的一些产品技术指标，结果发现你们的网站怎么这么慢？是不是有病毒了？"

刘芳："不会呀！我们有防毒软件的。"

曹力："那就是带宽不够，不然不应该这么慢的。以前有过同样的情况发生吗？"

刘芳："好像没有，不过我是新来的，我们主要网管是小吴，他今天不在。"

曹力："没有关系，你们网站是托管在哪里的？"

刘芳："好像是西城电脑局网络中心。"

曹力："哦，用的是什么服务器？"

刘芳："我也不知道！"

曹力："没有关系，我在这里登录看似乎是服务器响应越来越慢了，有可能是该升级服务器了。不过，没有关系，小吴何时来？"

刘芳："他明天才来呢，不过我们上周的确是讨论过要更换服务器了，因为企业考虑利用网络来管理全国 1300 多个经销商了！"

曹力："太好了，我看，我还是过来一次吧，也有机会了解一下我用的润滑油的情况，另外，咱们也可以聊聊有关网络服务器的事情。"

刘芳："那，你明天就过来吧，小吴肯定来，而且不会有什么事情，我们网管现在没有什么具体的事情。"

曹力："好，说好了，明天见！"

这是一个通过电话预约来促进销售的例子。在这个例子中，曹力使用了第一个和第二个以及第三个 C。首先是让客户迷茫，提示客户的服务器的响应缓慢的问题，或者可能有病毒，或者是带宽的问题等，总之是问题过多导致客户迷茫；其实是采用了唤醒客户的策略，即明确指向服务器响应缓慢的可能，并安抚客户，暗示客户其实找到了行家里手，不用担心，一来我领略一下你们的产品（润滑油），二来聊聊有关网络服务器的事情。

通过学习对话，我们知道曹力是网络服务器销售人员，刘芳是一个客户组织中影响力并不大的一个人，但是，从影响力不大的客户组织内部的人身上却有可能发现大订单，这个对话中反映出了大订单的可能性，因此，曹力立刻改变策略，要求拜访，并获得了刘芳的支持。刘芳的支持主要源于曹力对销售中 4C 的有效运用。

案例3

销售员："您好，请问，李峰先生在吗？"

李峰："我就是，您是哪位？"

销售员："我是××公司打印机客户服务部章程，就是公司章程的章程，我这里有您的资料记录，你们公司去年购买的××公司打印机，对吗？"

李峰："哦，是，对呀！"

章程："保修期已经过去了 7 个月，不知道现在打印机使用的情况如何？"

李峰："好像你们来维修过一次，后来就没有问题了。"

章程："太好了。我给您打电话的目的是，这个型号的机器已经不再生产了，以后的配件也比较昂贵，提醒您在使用时要尽量按照操作规程，您在使用时阅读过使用手册吗？"

李峰："没有呀，不会这样复杂吧？还要阅读使用手册？"

章程："其实，还是有必要的，实在不阅读也是可以的，但寿命就会降低。"

李峰："我们也没有指望用一辈子，不过，最近业务还是比较多，如果坏了怎么办呢？"

章程："没有关系，我们还是会上门维修的，虽然收取一定的费用，但比购买一台全新的还是便宜的。"

李峰："对了，现在再买一台全新的打印机是什么价格？"

章程："要看您要什么型号的，您现在使用的是××公司 33330，后续的升级的产品是 4100，不过要看一个月大约打印多少正常的 A4 纸张。"

李峰："最近的量开始大起来了，有的时候超过 10000 张了。"

章程："要是这样，我还真要建议您考虑 4100 了，4100 的建议使用量是 15000 张一个月的 A4 正常纸张，而 3330 的建议月纸张是 10000 张，如果超过了会严重影响打印机的使用寿命。"

李峰："你能否给我留一个电话号码，年底我可能考虑再买一台，也许就是后续产品。"

章程："我的电话号码是 888×××转 999。我查看一下，对了，您是老客户，年底还有一些特殊的照顾，不知道您何时可以确定要购买，也许我可以将一些好的政策给您保留一下。"

李峰："什么照顾？"

章程："4100 型号的，渠道销售价格是 12150 元，如果作为 3330 的使用者购买的话，可以按照 8 折来处理或者赠送一些您需要的外设，主要看您的具体需要。这样吧，您考虑一下，然后再联系我。"

李峰："等一下，这样我要计算一下，我在另外一个地方的办公室添加一台打印机会方便营销部的人，这样吧，基本上就确定了，是你送货还是我们来取？"

章程："都可以，如果您不方便，还是我们过来吧，以前也来过，容易找的。看送到哪里，什么时间好？"

后面的对话就是具体落实交货的地点时间等事宜了，这个销售人员用了大约 30 分钟完成了一个××公司 4100 打印机的销售，对于章程表现出来的电话销售的 4C 的把控来说，他的业绩应该非常正常。在这段对话中，请读者运用 4C 的销售次序和原理来解释一下。

第四章
会议沟通训练

一、项目问题及情境描述

通过有组织地承揽社会产品、服务、项目，如电信公司某新款手机产品，电信公司新推出的某项套餐服务，某企业新推出的某项创业计划或项目，政府某部门新制订的某项环保政策或举措等，针对学校学生以会议的方式，向学生沟通传播，提升学生通过会议沟通的能力。

二、项目操作

（一）定义及描述问题

任务单 1	准确定义及描述沟通标的物		
任务类型	教师指派		
教师 工作任务	指导 评价	学生 工作任务	自主 完成
任务 描述	通过面谈、电话、网络、走访等方式，深入了解沟通标的物的各种特点、特征、属性、优势、价值和意义，并加以准确定义和描述，形成书面描述报告		
任务 要求	1. 沟通标的物特征； 2. 标的物优势和价值； 3. 标的物形式； 4. 标的物市场潜力		
检验 考核	师生共评、核定成绩、记录在案		
物化 成果	以上均为物化成果		
实现 目标	技能目标	知识目标	态度目标
	调研能力	调研知识	团队精神 与人相处 与人合作
拓展 学习			
总结 评估			

（二）明确沟通目标

任务单 2	明确沟通目标		
任务类型	教师指派		
教师 工作任务	指导 评价	学生 工作任务	自主 完成
任务 描述	根据标的物特征及市场潜力研究，充分考虑到自己团队的能力，确定合理的、可企及的沟通目标，并加以准确描述		
任务 要求	目标及可能性分析书		
检验 考核	师生共评、核定成绩、记录在案		
物化 成果	以上均为物化成果		
实现 目标	技能目标	知识目标	态度目标
拓展 学习			
总结 评估			

（三）沟通对象调研

任务单 3	准确界定沟通对象需求		
任务类型	教师指派		
教师 工作任务	指导 评价	学生 工作任务	自主 完成
任务 描述	通过面谈、二手资料研究等方式了解沟通对象的需求		
任务 要求	1. 沟通对象需求分析； 2. 竞争对手产品或服务分析		
检验 考核	师生共评、核定成绩、记录在案		
物化 成果	以上均为物化成果		
实现 目标	技能目标	知识目标	态度目标
拓展 学习			
总结 评估			

（四）制订沟通计划和方案

任务单 4	制订沟通计划和方案		
任务类型	教师指派		
教师 工作任务	指导 评价	学生 工作任务	自主 完成
任务 描述	制订沟通计划		
任务 要求	1. 制订沟通计划； 2. 编写计划实施方案书		
检验 考核	师生共评、核定成绩、记录在案		
物化 成果	以上均为物化成果		
实现 目标	技能目标	知识目标 制定方案、方案要素	态度目标
拓展 学习			
总结 评估			

（五）方案论证与决策

任务单 5	方案论证与决策		
任务类型	教师指派		
教师 工作任务	指导 评价	学生 工作任务	自主 完成
任务 描述	召开方案论证会，对方案进行决策		
任务 要求	1. 组织方案论证会； 2. 编写方案决策书		
检验 考核	师生共评、核定成绩、记录在案		
物化 成果	以上均为物化成果		
实现 目标	技能目标	知识目标	态度目标
拓展 学习			
总结 评估			

（六）方案实施

任务单 6	方案实施		
任务类型	教师指派		
教师 工作任务	指导 评价	学生 工作任务	自主 完成
任务 描述	实施该方案		
任务 要求	1. 方案实施过程材料； 2. 方案实施效果与自评		
检验 考核	师生共评、核定成绩、记录在案		
物化 成果	以上均为物化成果		
实现 目标	技能目标	知识目标	态度目标
拓展 学习			
总结 评估			

（七）项目案例集锦

【情景小案例】

地点：某公司会议室。

人物：主持人；

　　与会者 1——"蝉"；

　　与会者 2——"鲨鱼"；

　　与会者 3——"兔子"；

　　与会者 4——"驴"；

　　与会者 5——"螃蟹"。

会议议题：员工晚会的时间、地点、节目单和抽奖内容。

会议内容如下：

主持人说：今天会议的主要议题是即将举行的员工晚会，会议时间限制在 1 小时之内，我们要决定 4 项内容，即晚会的时间、地点、节目单和抽奖内容。下面请大家各抒己见。

评议：主持人开场白可谓简洁明了，分别指明了会议的主题、时间。

与会者 1——"蝉"说：我先说吧，我觉得像节目方面，还是由各小组自己报上来，然后由谁负责汇总，再从中挑一些好的，最后把节目确定下来。抽奖活动是晚会重要的一环，我们一定要抽得让大家都开心。要达到这个效果，我觉得去年那个抽奖就挺有意思，我抽中了一台彩电，而张总只抽到一支钢笔，把我们给乐坏了。

地点的选择也很重要，去年选择的地点就在公司楼底下的一个迪厅，我觉得气氛不太好，主要原因是天天从那儿经过，没有什么神秘感，也没有新鲜感，我觉得挺没有意思的。我建议去一个比较远的，高雅一点的，比如说中央电视台梅地亚宾馆，或者是去清华紫光国际会议中心，那个地方才与我们的身份相符嘛，是吧！

评议：像"蝉"一样的与会者 1，说话漫无边际，滔滔不绝，符合蝉的本性。一定要控制其发言时间。

主持人说：好好，我明白你的意思了，你讲得其实非常好，你想总结的是地点和抽奖是非常重要的，其他是不重要的。

"蝉"说：对。

主持人说：谢谢，那其他人有什么看法。

与会者 2——"鲨鱼"：我不同意他的看法，地点和抽奖这些都是次要的，既然是一个晚会，主题应该是节目，节目搞得好与坏能决定整个晚会质量如何，是不是能够引起大家的兴趣。所有的员工在一块，对去年一年做一个回顾，对来年做一个展望，在这一气氛之下，也能凝聚团队的这种战斗力，至于地点和抽奖活动都无所谓，只要不是太严肃的地方就可以，时间只要是临近春节的几天都行。

评议：与会者 2 是属于"鲨鱼"性格的发言者，有攻击别人的倾向；总是给予消极的、否定的意见。

与会者 3——"兔子"：咱们现在讨论一下礼品发放的问题。

评议：与会者 3 是属于"兔子"性格的发言者，总是提议不同的程序。

主持人说：礼品的发放，你建议我们从礼品发放开始讨论，我们看看能不能这样，既然他们两位都说到了时间、地点，我们不妨先按照这个顺序讨论，然后马上讨论这个礼品发放的问题，好吗？

评议：主持人要采取以下方式对付这样的人：肯定他的贡献或是重申可以先试用现在的程序，如不奏效，则马上按他的方法实施。

与会者 3——"兔子"：不，既然开晚会，节目还是很重要的，不如从节目单开始。

主持人说：我明白你的意思，可是我知道小王特别有表演天赋，所以他更看重节目，是吗？如果我是你的话我跟你也是一样的心情，我特别想把节目定下来，那我想不妨把时间、地点确定一下，时间大家有没有异议，就是元旦，新年的一月一号那一天，小王你觉得呢？

与会者 1——"蝉"说：我同意，我觉得元旦那天可以。

主持人说：好，那么地点，梅地亚宾馆？

与会者 2——"鲨鱼"：迪厅。

与会者 1——"蝉"说：迪厅，又说到迪厅，迪厅有什么好的？又像去年一样。

与会者 2——"鲨鱼"：迪厅有什么不好啊？

与会者 1——"蝉"说：又像去年一样闹得有的同事都扭了脚了。

与会者 2——"鲨鱼"：他是太高兴了扭的脚吧。

与会者 1——"蝉"说：扭脚就是破坏了气氛。

与会者 2——"鲨鱼"：这个事情里面，不能没有一点点失误或一点点小插曲呀，搞节目的不求十全十美，而是说通过晚会来使大家产生一种团队的凝聚力，这是最主要的。

主持人说：好，谢谢，谢谢，你们两位的沟通暂时就到这儿。我们想听听这位怎么看呢，一直没有说话的这位。

评议：主持人及时打断了与会者 1 和与会者 2 的争吵，避免了大会开成小会。

与会者 4——"驴"说：我觉得去年搞得挺好的啊，我们大家就照去年的活动那样模式就行，在节目上做一下改变就可以了。

主持人说：您的意思就是不要什么变化，一切按老路子办？

与会者 4——"驴"说：觉得去年挺好的。

主持人说：好，那最那边的那位，怎么样看？

与会者 5——"螃蟹"：就按你们说的办吧。

主持人说：按照我们这个讨论，就是说按照去年的模式，一会儿在会议的结束时大家做一个表决，你们各位思考一下是迪厅还是梅地亚宾馆，最后以少数服从多数来决定，好不好？

那下面呢我们要定一下节目，大家有什么高见没有？

与会者 1——"蝉"说：节目的话，我觉得还是搞传统艺术，比如京剧呀，我们公司那么多京剧票友，那这个机会应该让他们露一手吧，或者是来一个什么独唱呀，或者是请几个比较有名的人，比如什么宋祖英啊什么的，从观众席里面拉一个男同志起来对唱一段什么情歌啊那种节目，这样的方式比较好，互动性强。

主持人说：坐在最旁边那位女士同意吗？你同意吗？你刚才有没有听到他说什么，他要请谁？

与会者 5——"螃蟹"：同意。

主持人说：同意啊，刚才他要请谁呀？

与会者 5——"螃蟹"：好像是李谷一吧。

评议：与会者 5 是典型的"螃蟹"性格的发言者，是会议中的跑题者，习惯于自己做自己的事情。

主持人说：好，那我最后再总结一下，我们这位先生的意思是说邀请一些名人啊，比如宋祖英呀，我提议，因为我们会议只有一个小时，我建议大家不要做其他的事情，我们集中精力把这件事情来定一下，刚才时间、地点我们基本上已经确定了，现在是节目单，最后一个议程是抽奖和发放礼品，稍微集中一下精力，还有什么看法，关于节目单最后再讨论 1 分钟。

评议：主持人主动示意让大家集中精力开会，这样的方式有利于对付会议中的跑题者。

总结：会议还没有结束，但是最终取得了成功，形成了令大家都满意的决议。这主要得力于这次会议主持人的会议技巧，从"评议"我们可以清楚地认识到会议中可能出现的各种意外，这主要是由一些比较有特色的发言者造成的，他们的表现特征在这个小情景剧中均有展示，主持人针对这些意外表现出了极高的处理技巧，值得从事会议管理的每个人认真学习。

第五章
短信及书信沟通训练

一、项目问题及情境描述

通过最古老的书信沟通方式，通过最前沿的短信、飞信、微信或易信等沟通方式，向目标客户传递产品服务信息、祝贺感谢信息、合作共赢信息、提醒关注信息等，达到沟通的目的。

二、项目操作

（一）定义及描述沟通问题

任务单1	准确定义及描述沟通问题		
任务类型	教师指派		
教师 工作任务	指导 评价	学生 工作任务	自主 完成
关注任务 描述	代企业年终为客户发贺信贺词，代企业向客户推广产品及服务项目，代学校向家长传递学校资讯，代街道社区向业主传播关注等，在业务开始前均需准确界定要传递、沟通的标的物性质和特征		
任务 要求	沟通问题、产品、服务、资讯定义书		
检验 考核	师生共评、核定成绩、记录在案		
物化 成果	以上均为物化成果		
实现 目标	技能目标	知识目标	态度目标
	调研能力	调研知识	团队精神 与人相处 与人合作
拓展 学习			
总结 评估			

（二）明确沟通目标

任务单2	明确沟通目标		
任务类型	教师指派		
教师 工作任务	指导 评价	学生 工作任务	自主 完成
任务 描述	根据标的物特征及市场潜力研究，充分考虑到自己团队的能力，确定合理的、可企及的沟通目标，并加以准确描述		
任务 要求	目标及可能性分析书		
检验 考核	师生共评、核定成绩、记录在案		
物化 成果	以上均为物化成果		
实现 目标	技能目标	知识目标	态度目标
拓展 学习			
总结 评估			

（三）沟通对象调研

任务单3	准确界定沟通对象需求		
任务类型	教师指派		
教师 工作任务	指导 评价	学生 工作任务	自主 完成
任务 描述	通过面谈、二手资料研究等方式了解沟通对象的需求		
任务 要求	1. 沟通对象需求分析； 2. 竞争对手产品或服务分析		
检验 考核	师生共评、核定成绩、记录在案		
物化 成果	以上均为物化成果		
实现 目标	技能目标	知识目标	态度目标
拓展 学习			
总结 评估			

（四）制订沟通计划和方案

任务单 4	制订沟通计划和方案		
任务类型	教师指派		
教师 工作任务	指导 评价	学生 工作任务	自主 完成
任务 描述	制订沟通计划		
任务 要求	1. 制订沟通计划； 2. 编写计划实施方案书		
检验 考核	师生共评、核定成绩、记录在案		
物化 成果	以上均为物化成果		
实现 目标	技能目标	知识目标 制订方案、方案要素	态度目标
拓展 学习			
总结 评估			

（五）方案论证与决策

任务单 5	方案论证与决策		
任务类型	教师指派		
教师 工作任务	指导 评价	学生 工作任务	自主 完成
任务 描述	召开方案论证会，对方案进行决策		
任务 要求	1. 组织方案论证会； 2. 编写方案决策书		
检验 考核	师生共评、核定成绩、记录在案		
物化 成果	以上均为物化成果		
实现 目标	技能目标	知识目标	态度目标
拓展 学习			
总结 评估			

（六）方案实施

任务单6	方案实施		
任务类型	教师指派		
教师 工作任务	指导 评价	学生 工作任务	自主 完成
任务 描述	实施该方案		
任务 要求	1. 方案实施过程材料； 2. 方案实施效果与自评		
检验 考核	师生共评、核定成绩、记录在案		
物化 成果	以上均为物化成果		
实现 目标	技能目标	知识目标	态度目标
拓展 学习			
总结 评估			

📊 **知识卡**

古代诗歌中是这样描写"信"的：

洛阳城里见秋风，欲作家书意万重。

复恐匆匆说不尽，行人临发又开封。

《秋思》——唐·张籍

烽火连三月，家书抵万金。

《春望》——唐·杜甫

江水三千里，家书十五行。

行行无别语，只道早还乡。

《京师得家书》——明·袁凯

云中谁寄锦书来，雁字回时，月满西楼。

《一剪梅》——宋·李清照

小结

在日常生活中我们经常使用书信这种方式进行沟通交换信息。它的普遍使用，使我们之间的亲情、友谊等紧紧连在一起，为我们的生活提供了诸多的便利。

第六章 沟通考核方案

一、考核基本思路

（一）以项目的完成为基本考核内容。

（二）主要考核与人沟通能力的掌握、运用情况及实际解决问题的效果。

（三）辅之以考核在与人沟通过程中结合运用解决问题能力、与人合作能力、自我学习能力、信息处理能力，以及专业知识和专业技能的情况。

二、评分方案

（一）基本评分方法

由核心能力课程教师与专业课教师组成评分小组，对学生个人与人沟通能力、解决问题能力、与人合作能力、自我学习能力、信息处理能力、学生工作台账、学习态度与纪律 7 个方面，结合小组工作情况以及每个学生在小组中的表现情况，按优秀、良好、中等、及格、不及格 5 个等级分别评分，然后将项目原始分数与项目分值相乘得到项目分数，最后合计为考核分数。

（二）评分表

项目 \ 等级分值	优秀90～100	良好80～89	中等70～79	及格60～69	不及格0～59	本项原始分数	本项分值系数	本项得分
与人沟通能力							0.50	
解决问题能力							0.05	
与人合作能力							0.05	
自我学习能力							0.05	
信息处理能力							0.05	
学生工作台账							0.10	
态度与纪律							0.20	
合计							1.00	

三、学生工作台账

学生《与人沟通能力》工作台账分为学生个人和学生小组两个台账。

个人台账要求每名学生对每次教学活动情况进行记录并做出自我评点和自我评分，教师进行抽查、评点和评分，并作为最终考核的依据之一。

小组台账用于对学生小组活动的记录和检查，有助于学生的合作与交流能力的提高，同时作为观察每个学生在小组中发挥作用的情况和最终考核的基本资料。

学生《与人沟通能力》工作台账（个人）

学生姓名：　　　　　专业部：　　　　　　　　专业与年级：

授课教师：　　　　　职业核心能力课教师：　　专业课教师：

课程开始日期：　　　　　　　　　　　　　　　课程结束日期：

序号	日期	教学活动内容	学生自我评点	自我评分	教师评点	教师评分

学生自我总结与自评分：

学生签名：

教师评点与评分：

教师签名：

学生《与人沟通能力》工作台账（小组）

小组名称：　　　　　小组所在专业部：　　　　专业与年级：

小组长：　　　　　　小组成员：

授课教师：　　　　　职业核心能力课教师：　　专业课教师：

课程开始日期：　　　　　　　　　　　　　　　课程结束日期：

序号	日期	教学活动内容	学生自我评点	自我评分	教师评点	教师评分

小组学生自我总结与自评分：

学生签名：

教师评点与评分：

教师签名：

四、知识与资料

【沟通小闹钟】

（一）快乐随心变

游戏目标	让同学体会表情、动作和语言在人际交往中的重要性，提高同学的人际沟通和交往能力		
人数	30 人	时间	10 分钟
用具	无	场地	不限
游戏步骤	一、主持人宣布游戏规则 1. 每人都面朝天花板，面无表情地随意走动，遇人走开。 2. 每人都面朝自己脚尖，面无表情地随意走动，遇人走开。 3. 每人都面朝他人的脸，面无表情地随意走动，遇人走开。 4. 每人都面朝他人的脸，面带微笑，随意走动，遇人点头。 5. 每人都面朝他人的脸，面带微笑，随意走动，遇人握手。 6. 每人都面朝他人的脸，面带微笑，随意走动，遇人握手，心中说："我喜欢你。" 7. 每人都面朝他人的脸，面带微笑，随意走动，遇人握手，口中说："我喜欢你。" 二、开始游戏 三、游戏结束后，主持人组织同学进行问题讨论		
问题讨论	1. 相互之间面无表情和面带笑容的氛围感受上有什么不同？ 2. 我们在日常生活中应当如何有效通过表情、动作等与人交往		

知识卡

沟通影响就业

在对美国 1015 名工人的全国性调查中，87% 的人回答认为沟通技巧对完成自己的工作"非常重要"。

在对美国中西部城市 500 家企业的 253 位人事主考的问卷中，90% 的人表示沟通技巧对成功"不可或缺"。

对 1100 名人事经理研究得到的结果是："在当今的求职市场中，最有价值的技能是沟通技巧（包括口头沟通、倾听和书面沟通）。"

通过对全球近千家企业的调查分析，在 10 项 MBA 才能指标中，最为重要的三项能力是分析判断能力、商业经营思想和良好的沟通能力。

分析 500 名被解职的男女，其中因人际沟通不良而导致工作不称职者占 82%。

（二）制笔座

游戏目标	培训同学的沟通技巧，培训同学的团队沟通与协作精神		
人数	12 人	时间	10 分钟
用具	每人一支笔、一张纸；每组一卷胶条	场地	室内

游戏步骤	一、将同学分成三人一组，给每组发一卷胶条，每人一张纸、一支笔。 二、主持人宣布游戏任务 1. 小组的任务是合作完成一个完美的笔座，使三支笔直立起来。 2. 游戏开始前，你们有一分钟的时间沟通与计划；游戏开始后的前三分钟内，小组成员不准说话，全部依靠相互间的默契进行。 3. 最后大家评选出最好的作品。 三、给同学一分钟的沟通时间，开始游戏。 四、游戏结束后，主持人组织同学就沟通技巧及非语言沟通等问题进行讨论
问题讨论	1. 小组内应如何有效分工才能做到最好的配合？ 2. 在不允许说话的情况下，小组成员应如何有效沟通，默契配合

📊 知识卡

"三XIAO"沟通

- 有效果的沟通

沟通目标需明确，沟通效果需明显。通过沟通与交流，沟通双方可以就某个问题的认识趋向一致或达成共同认知。

- 有效率的沟通

沟通必须要有时间观念，沟通的时间要简短，频率要增加，沟通时要把握主题，避免受到干扰，尽量在最短的时间内完成沟通的目标。

- 有笑声的沟通

沟通的过程必须是人性化的。要努力营造一种和谐、愉悦的沟通氛围，使参与沟通的人具有愉快而舒畅的心情，能在沟通过程中笑声不断。

（三）故事克隆

游戏目标	训练同学的信息传递能力；让同学体会在沟通的过程中信息是如何失真的		
人数	8人	时间	20分钟
用具	故事（要求是同学没有听过的）一则	场地	室内
游戏步骤	1. 让所有同学到室外等候，确保同学在室外时听不到室内的人说话。 2. 请一位同学进入房间，主持人把准备好的故事念给他听，听故事的人不许做记录和提问。 3. 让另一位同学进来，请第一位同学把自己听到的内容复述给第二位同学听。第二位同学同样不允许做记录和提问（以后任何新进入房间的同学都要遵循这项规定）。 4. 请第三位同学进来，由第二位同学复述故事，依此类推，直到最后一位同学进来听故事。讲过故事的同学不得说话。		

游戏步骤	5. 请最后一位同学复述故事，与原故事进行对比。 6. 主持人组织同学进行问题讨论
问题讨论	1. 最后一位同学的复述内容与原故事差别大吗？ 2. 你认为最后的复述为什么会产生偏差？有没有方法减少偏差？ 3. 在工作中，我们如何提高传递信息的质量
方法技巧	

📊 知识卡

沟通的四大目的

- 传递信息

获取信息→信息表达与传递

- 表达情感

表露观感→流露情感→产生感应

- 建立关系

暗示情分→友善或不友善→建立关系

- 达成目标

透过关系→明说或暗示→达成目标

（四）换扑克牌

游戏目标	培训同学的团队沟通技巧，提高同学与上下级沟通的能力		
人数	7人	时间	40分钟
用具	每人一个信封，信封里有任务单（见附件）和4张扑克牌	场地	室内
游戏步骤	1. 让同学坐成三排，第一排为A，第二排为B、C，第三排为D、E、F、G，每排同学只能看到前排的人，不能看到后排的人。 2. 将信封发给每个同学，给同学5分钟时间看任务单。 3. 5分钟后，开始游戏。 4. 游戏结束后，主持人组织同学进行问题讨论		
问题讨论	1. 作为A，你是否最终带领大家完成了游戏任务？ 2. 大家在游戏过程中有没有失误？如果有，原因是什么？ 3. 通过这个游戏，大家得到了怎样的启发		

A 的任务单	你现在属于一个团队（组织结构如上图所示），你是团队领导者，B、C、D、E、F、G 都是你的下属，其中 B、C 是你的直接下属。 你的游戏任务是：请在 30 分钟时间内，按照游戏规则，将你所有下属手中的扑克牌置换成同一花色或同一数字。 你应遵循的游戏规则如下： 1. 不能讲话，若有不明白的地方，请询问主持人； 2. 不能让其他人看到你手中的扑克牌； 3. 你可以和直接下属 B、C 进行书面沟通（通过写纸条的方式）； 4. 可以和直接下属 B、C 换牌，但每次只能换一张，而且你手中的牌在任何时候都应是 4 张（换牌的时候除外）； 5. 不能越级换牌和交流（即不得同 D、E、F、G 换牌和交流）
B/C 的任务单	你现在属于一个团队（组织结构如上图所示），A 是你的上级，其中 C/B 是你的平级，DE/FG 是你的下属。 你应遵循的游戏规则如下： 1. 不能讲话，若有不明白的地方，请询问主持人； 2. 不能让其他人看到你手中的扑克牌； 3. 你可以同上级 A 和直接下属 DE/FG 进行书面沟通（通过写纸条的方式）； 4. 可以与上级 A 和直接下属 DE/FG 换牌，但每次只能换一张，而且你手中的牌在任何时候都应是 4 张（换牌的时候除外）； 5. 不能与平级及平级的下属换牌和交流
D/E 的任务单	你现在属于一个团队（组织结构如上图所示），B 是你的直接上级，E/D 是你的平级。 你应遵循的游戏规则如下： 1. 不能讲话，若有不明白的地方，请询问主持人； 2. 不能让其他人看到你手中的扑克牌； 3. 你可以同上级 B 进行书面沟通（通过写纸条的方式）； 4. 可以和上级 B 换牌，但每次只能换一张，而且你手中的牌在任何时候都应是 4 张（换牌的时候除外）； 5. 不能与直接上级以外的其他人换牌和交流

F/G 的任务单	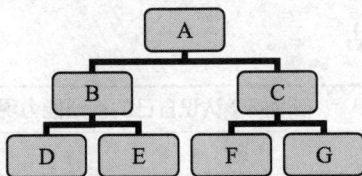 你现在属于一个团队（组织结构如上图所示），C 是你的直接上级，其中 G/F 是你的平级。 你应遵循的游戏规则如下： 1. 不能讲话，若有不明白的地方，请询问主持人； 2. 不能让其他人看到你手中的扑克牌； 3. 你可以同上级 C 进行书面沟通（通过写纸条的方式）； 4. 可以和上级 C 换牌，但每次只能换一张，而且你手中的牌在任何时候都应是 4 张（换牌的时候除外）； 5. 不能与直接上级以外的其他人换牌和交流

📊 知识卡

有效沟通的6个行为法则

1. 拥有自信的态度

自信的人有着清楚的自我认知，能够欣赏自己，肯定自己，往往是最会沟通的人，拥有自信的态度，会让你在沟通时充满活力，魅力四射。

2. 体谅他人的行为

你对他人表示体谅与关心，是指设身处地地为对方着想。由于你对对方的了解和尊重，对方也会体谅你的立场与好意，因而做出积极并恰当的回应。

3. 适当地提示对方

如果沟通产生矛盾和误解的原因是对方忘记了，适当的提示可以提醒对方；假如是因为对方违背了承诺，适当的提示可以表明你对此的关注和期望，促使对方信守诺言。

4. 直接地告诉对方

直言不讳地告诉对你的需要与感受，将能帮助你建立良好的人际关系。但是直接地告诉对方，需要注意时间、地点和自己的身份，任何一种条件不适合，都应避免直言。

5. 善于倾听与发问

一个好的沟通者，必须善于倾听他人的意见与感受，并能做出有效发问。倾听和发问是沟通的最重要的技巧，通过倾听和发问能够有效地控制自己，避免无意间冒犯对方，同时能恰当地表达出对沟通对象感兴趣。

6. 对他人敞开心扉

敞开心扉是指你应该坦诚地与对方分享一些你知道的信息，而不是遮遮掩掩。坦诚是彼此信任的基础，当沟通双方保持良好的互动和真挚的情感交流时，沟通才有意义。

五、自我评估

游戏目标	帮助同学认识自己的沟通能力现状，让同学进行沟通技能的自我改善		
人数	不限	时间	15分钟
用具	个人沟通技巧评估表（见附件）	场地	室内
游戏步骤	1. 给每个同学发一份《个人沟通技能评估表》。 2. 让同学对自己的各项沟通技能进行评估，满分为5分。 3. 让同学与熟悉自己的其他同学沟通，让他们对自己的各项沟通技能进行评估，得出他们的综合评分。 4. 让同学进行自我评分与他人评分的对比。 5. 游戏结束后，主持人组织大家进行问题讨论		
问题讨论	1. 你的自我评分与他人评分有多大的差距？产生差距的原因是什么？ 2. 你最薄弱的沟通技能项有哪些？你计划如何来克服？ 3. 通过这个游戏，大家对自己的沟通模式是否有了清晰的认识		

附件：个人沟通技能评估表	沟通技能项		自我评分	他人评分
			适当 ←————————→ 不适当 5分　4分　3分　2分　1分	
	非语言沟通	眼神接触		
		面部表情		
		姿势		
		声调、语气		
		音量		
附件：个人沟通技能评估表	语言沟通	打开对话		
		维持对话		
		认真倾听		
		提出疑问		
		赞美他人		
		接受赞美		
		批评他人		
		接受批评		
		向别人道歉		
		接受道歉		
		提出意见		
		表达愉快的情绪		
		表达不满		
		拒绝他人		

沟通中的小问题

办公室的电话铃响了，甲接起电话。

甲："您好，××公司销售部，请问，有什么事吗？"

乙："销售部主管王先生吗？"

甲："对不起，他现在不在，能问您找他有什么事？能为您转达吗？"

乙："我姓刘，是他的一个客户，能不能请他尽快与我联系。"

甲："好的，我会尽快转告他。再见。"

（看了上面这段，发现问题了吗？）

甲拨通了经理的电话。

甲："经理吗？刚才有位客户打电话找您，要您尽快与他联系。"

甲："不知道，只知道姓刘。"

经理："他找我有什么事？会不会是退货？"

甲："不知道，他没有说。"

经理："你也没有问吗？那把他的联系电话告诉我。"

甲："对不起，我也不知道，我以为你知道。"

经理："姓刘的客户那么多，我怎么知道是谁？！"

经理挂断了电话。

是经理脾气不好还是甲没有做对？如果换作你是甲，你会如何处理？

六、模拟联合国

游戏目标	训练同学的发问能力和表达能力；提高同学的沟通、交流能力		
人数	20 人	时间	30 分钟
用具	无	场地	室内
游戏步骤	1. 主持人将提前准备对应学生人数的国家名称卡片，每人抽取一张确定自己所代表的"国家"，参加模拟"联合国会议"。 2. 主持人选择一国际或社会热点话题，各国代表模拟参加"联合国会议"，对该话题提出"自己国家观点"，并形成书面意见稿。 3. 各组外交官将"本国"意见进行 3 分钟演讲，争取别国赞同及支持。 4. 演讲结束后，各国外交代表进行进一步磋商，协调"分歧"观点，最终形成一份统一决议修正案。 5. 游戏结束后主持人组织同学进行问题讨论		
问题讨论	1. 如何准确通过语言表达自己的立场和观点？ 2. 如何通过书面准确表达自己的立场和观点？ 3. 当各方观点出现分歧和不一致时，应如何相互沟通形成一致观点		

续表

方法技巧	1. 同学参加大会前最好能够提前抽签，查阅代表国家背景资料，形成具有国家代表性的观点意见。 2. 主持人选择社会热点问题，即能吸引同学兴趣的话题。 3. 活动过程中主持人应注意游戏流程并维持秩序

📊 **知识卡**

模拟联合国的起源

模拟联合国（Model United Nations，MUN）是模仿联合国及相关的国际机构，依据其运作方式和议事原则，围绕国际上的热点问题召开的会议。青年学生们扮演不同国家的外交官，作为各国代表，参与到"联合国会议"当中。代表们遵循大会规则，在会议主席团的主持下，通过演讲阐述"自己国家"的观点，为了"自己国家"的利益进行辩论、游说，他们与友好的国家沟通协作，解决冲突；他们讨论决议草案，促进国际合作；他们在"联合国"的舞台上，充分发挥自己的才能。

虽然对模拟联合国活动其起源没有确切的历史记载，但普遍公认这项活动起源于美国哈佛大学。在联合国成立之前，就有一批学生活跃在校园里，他们对国际组织、对国际政治充满了浓厚的兴趣。活跃的哈佛学子在积极活动的同时探索出新的形式。他们开始模拟不同国家的外交官，参照国际联盟的议事程序讨论国际问题。后来联合国成立，这样一种模拟会议的形式被保留下来，并逐步发展成熟，形成了模拟联合国活动。

经过 60 多年的发展，模拟联合国活动现在已经风靡全世界，形式多样，规模不一，有国际大会、全国大会，还有地区级和校际间的大会，参与者从大学生到高中生，乃至初中生。同时，模拟联合国活动已经不仅仅是对联合国机构的模拟，它还包括对其他全球或地区性多边组织、政府内阁、国际论坛等组织或者会议的模拟。目前全世界每年有近 400 个国际模拟联合国大会在五大洲的 50 多个国家召开。每年参与大会的师生来自世界 100 多个国家，总人数超过 400 万人。

七、模拟与上级沟通

游戏目标	让同学体验怎样才能说服上级，让同学找到与上级沟通的技巧		
人数	20人	时间	20分钟
用具	笔、计划书草案	场地	室内
游戏步骤	1. 同学自由结合，5人一组，每组选出一位领导者。 2. 4名下属迅速筹划一个投资项目，撰写简要的计划书草案。 3. 4名下属依次面见领导，按照自己的沟通方式说服领导通过项目计划案，要求领导在不同的心情境况下接受下属的提案。 ① 各小组讨论；		

游戏步骤	② 每组派代表总结活动体会
问题讨论	1. 哪些沟通方式领导易于接受，并能取得良好的沟通效果? 2. 说服领导时，需要运用哪些沟通技巧
方法技巧	1. 鼓励同学积极发挥自己的主动性。 2. 注意时间的控制

📊 **知识卡**

人际沟通小技巧

- 坚持在背后说别人的好话。
- 每天向你周围的人说声"早上好"。
- 过去的事不要全都告诉别人。
- 与人沟通时要常用"我们"。
- 当你听到有人说别人的坏话时，不要插嘴。
- 在人多的场合，要慎言。
- 不要随便打断别人说话。
- 回应批评时应积极，不要显示负面态度。
- 知道什么时候能说善意的谎言。
- 在重要的会谈场合，关掉手机。
- 与客户通话后，要让客户先挂电话。
- 不要在朋友面前炫耀自己。
- 拒绝别人的借口应该模糊一点。
- 遇到上司，要主动上去聊几句。

八、五步对抗表明思想

游戏目标	训练同学如何维护自己的思想，训练同学如何进行有效地交流		
人数	45 人	时间	45 分钟
用具	五张题板纸和五面小旗	场地	不限
游戏步骤	1. 在日常的人际交往中，要使沟通真正有效就不能产生对抗。主持人需要帮助同学理解使用尊敬的和确定的语言的重要性，让同学们掌握"五步对抗模式"的交流方法。 2. 介绍五步对抗模式。 • 第一步：描述充满希望的未来。在这种情况下，你可以说："我希望我们可以处理好关系，使我们在一起工作时感觉很舒适。" • 第二步：详细地描述问题。例如，你觉得你的同学在其他人面前贬低你，你可以这么说："在我们上一次小组会议中，有三次都是我一讲话，你就滴溜溜地转眼珠，你把我关		

游戏步骤	于转型的想法描述得一文不值。" • 第三步：表明这为什么是个问题。假设那个人并没有意识到，应向他表明这种行为是一个问题。你应该使你的表述更充实，可以说："当你这么做时，我感到了被侮辱和被轻视。我们好像把太多精力放在互相找茬儿上了，而不是放在工作上。" • 第四步：提供一种解决方法。如果你不同意我的看法，我比较喜欢你友好地当面告诉我，以便我能公正地听取你的反对意见。在把我的想法评价为一文不值之前，请仔细考虑一下我的想法。 • 第五步：给将来一个积极的展望。如果你能这么做，我觉得我能更好地支持你的目标和想法。 3. 邀请一些人描述他们需要直接对抗的经历，即当他们采用含蓄的方式达不到效果时。 4. 把大家分成小组，每组 5～7 人，给每个小组一张题板纸和一面小旗。 5. 分给每个小组上述 5 个模式中的任意一步。采用刚刚描述的方法，请各小组提出尽可能多的与这一步相匹配的表达。 6. 如果还有时间，把写有全部表述的题板纸贴出来，让大家大声朗读各种表述
问题讨论	1. 在人际交往中应如何表达自己的思想和坚持自己的立场？ 2. 如何有效说明自己观点并征得他们的认同

知识卡

沟通箴言

沟通，是一门生存的技巧，要学会它、掌握它、运用它。

沟通的 70%是倾听。如果希望成为一个善于谈话的人，那就先要做一个好听众。

推心置腹的谈话就是心灵的暗示。

如果你是对的，就要试着温和地、有技巧地让对方同意你；如果你错了，就要迅速而诚恳地承认。这要比为自己争辩有效和有趣得多。

有许多隐藏在心中的秘密都是通过眼睛被泄漏出来的，而不是通过嘴巴。

谈话，和写作文一样，有主题，有腹稿，有层次，有头尾，不可语无伦次。

与人交谈一次，往往比多年闭门劳作更能启发心智。思想必定是在与人的交往中产生，而在孤独中进行加工和表达。

讲话犹如演奏竖琴：既需要拨弄琴弦演奏出音乐，也需要用手按住琴弦不让其出声。

一个人必须知道该说什么，一个人必须知道什么时候该说，一个人必须知道对谁说，一个人必须知道怎么说。

如果你要使别人喜欢你，如果你想他人对你产生兴趣，你需注意的一点就是谈论别人最为愉悦的事情。

当你劝告别人时，若不顾及别人的自尊心，那么再好的言语都是没有用的。

九、与皇帝沟通

游戏目标	训练同学对沟通方式的使用能力，提高同学的表达能力		
人数	不限	时间	30分钟
用具	无	场地	不限
游戏步骤	1. 主持人向同学讲一个故事：宋朝时，宋太祖对一个大臣说："鉴于你对国家作出的杰出贡献，我决定升你做司徒（古代官名）。"可这个大臣后来等了好几个月也不见任命下来，可是又不能当面向皇帝询问，因为这会伤及皇帝的面子，但如果不问，升官的事情很可能就告吹了，怎么办呢？ 2. 询问同学：如果你们是这个大臣，会怎样和皇帝沟通？（给同学10分钟的思考时间） 3. 10分钟过后，主持人扮演宋太祖，同学扮演大臣，让同学依次到前面来表演自己所想要用的沟通方式。 4. 当所有同学都表演完毕后，主持人公布那位大臣的做法：大臣的做法。那位大臣有一天故意骑了一匹奇瘦的马从宋太祖面前经过，并惊慌下马向皇帝请安，宋太祖就问："你的马为何如此之瘦？是不是你不好好喂它？"那位大臣答道："一天三斗。"宋太祖又问："吃的这么多，为何还如此之瘦？"大臣又回答："我答应给他一天三斗粮，可是我没有给它吃那么多。"宋太祖马上明白了这个大臣的意思，第二天就下旨任命这个大臣为司徒。 5. 让大家评选出"最佳创意奖"和"最佳表演奖"的获奖者。 6. 主持人组织同学就沟通方式等问题展开讨论		
问题讨论	1. 同样的事情不同的沟通方式可能导致哪些不同的结果？ 2. 面对不同的人要选择不同的沟通表达方式，对此你有什么经验		

知识卡

人际沟通的金钥匙

一把坚实的大锁挂在铁门上，一根铁杆费了九牛二虎之力，还是无法将它撬开。

钥匙来了，它瘦小的身子钻进锁孔，只轻轻一转，那大锁就"啪"地一声打开了。

铁杆奇怪地问："为什么我费了那么大力气也打不开，而你却轻而易举地就把它打开了呢？"

钥匙说："因为我最了解他的心。"

进入心灵的频道！人际沟通的金钥匙！

十、赶羊入圈

游戏目标	训练同学的沟通技巧，提高同学的非语言表达能力		
人数	30人	时间	45分钟
用具	眼罩28副，哨子两个	场地	操场或空地
游戏步骤	1. 将同学分为两组，每组15人；各组中由一人担任"牧羊人"，其他14人担任"羊"。 2. 主持人将"牧羊人"支开，将"羊"的游戏任务告诉担任"羊"的同学。"羊"的游戏任务是：游戏开始后，你们的任务就是听从"牧羊人"的安排，但你们唯一的沟通方		

游戏步骤	式是学羊叫，发出"咩咩"声，所以现在你们要统一你们的叫声，例如，叫一声"咩"表示什么意思，你们要尽快拿出统一的意见。 3. 将各组的"羊"的眼睛蒙上，主持人布置游戏场地。主持人在地面上画两个边长为 5 米的正方形，代表羊圈。 4. 主持人把两个牧羊人带到偏僻处，给他们说明游戏任务。"牧羊人"的游戏任务是：游戏开始后，你们的任务就是要尽快把自己小组的"羊"赶进"羊圈"，但你们不能和"羊"直接对话，你只能通过吹口哨的方式表达意思，最先将"羊"全部赶进圈里去的一组获胜。 5. 将口哨发给"牧羊人"，开始游戏。 6. 游戏结束后，主持人组织同学就非语言沟通与沟通技巧等问题进行讨论
问题讨论	1. 在不允许语言沟通的情况下，团队中应当怎样交流？ 2. 领队"牧羊人"应当怎样有效组织，表达自己的想法，让"羊"顺利"入圈"

📊 知识卡

积极的倾听方式

倾听性 提问	• 向对方表示自己很感兴趣，例如，"后来，怎么样了？" • 寻求更加详尽的信息，例如，"你能说得再详细点吗？" • 了解对方的感受，例如，"你当时是怎么想的？" • 对听到的内容进行总结，例如，"那么，你的意思是……对吗？"
给予鼓励	• 非语言声音。这是让对方知道你在认真听他说话的有效方式，例如，"嗯"、"啊"、"喔"及其他鼓励对方讲话的声音。 • 支持性陈述。这与非语言声音有类似的功能，例如，"真有趣，请告诉我更多"，这也是鼓励对方继续讲话的重要方式。 • 关键词咨询。这是在倾听过程中，要从对方的话语中找一些特殊的词语，让对方对这些词语进行解释，表明你在认真倾听。 • 探求对方感受。即在倾听过程中，当听到一些重要的关键性的事情时，要积极询问讲话者的感受，从而表明自己认真倾听的态度

沟通的真谛

- 当与小孩沟通时，不要忽略他的"纯真"。
- 当与少年沟通时，不要忽略他的"冲动"。
- 当与青年沟通时，不要忽略他的"自尊"。
- 当与男人沟通时，不要忽略他的"面子"。
- 当与女人沟通时，不要忽略她的"情绪"。
- 当与上司沟通时，不要忽略他的"权威"。
- 当与老人沟通时，不要忽略他的"尊严"。

学会沟通，让心靠近
祝你成功！